Lass sie denken, was sie wollen

Lass sie denken, was sie wollen

Rob Faltin

Rob Faltin

Lass sie denken, was sie wollen

Soziale Ängste überwinden

Aus dem Niederländischen von Bärbel Jänicke

hogrefe

Rob Faltin, Psychologe, Psychotherapeut, Therapeut für kognitive Verhaltenstherapie und Journalist.
WG-plein 474
1054 SH Amsterdam
www.doe-psy.nl

Bibliografische Information der Deutschen Nationalbibliothek
Die Deutsche Nationalbibliothek verzeichnet diese Publikation in der Deutschen Nationalbibliografie; detaillierte bibliografische Daten sind im Internet über http://www.dnb.de abrufbar.

Anregungen und Zuschriften bitte an:
Hogrefe AG
Lektorat Psychologie
Länggass-Strasse 76
3012 Bern
Schweiz
Tel. +41 31 300 45 00
info@hogrefe.ch
www.hogrefe.ch

Lektorat: Dr. Susanne Lauri, Lisa Maria Pilhofer
Herstellung: Daniel Berger
Satz: punktgenau GmbH, Bühl
Umschlagabbildung: Getty Images
Umschlag: Claude Borer, Riehen
Druck und buchbinderische Verarbeitung: Multiprint Ltd., Kostinbrod
Printed in Bulgaria

Das vorliegende Buch ist eine Übersetzung aus dem Niederländischen. Der Originaltitel lautet «Laat ze maar denken» von Rob Faltin.

1. Auflage 2020

(E-Book-ISBN_PDF 978-3-456-96045-6)
(E-Book-ISBN_EPUB 978-3-456-76045-2)
ISBN 978-3-456-86045-9
http://doi.org/10.1024/86045-000

Inhaltsverzeichnis

Vorwort

Vor einiger Zeit musste ich in einem großen Saal einen Vortrag halten. Der ganze Saal war voll besetzt. Als ich in den Saal schaute, dachte ich: Ich werde hier auf der Bühne bestimmt einen Blackout bekommen und alles vergessen, was ich sagen wollte. Was werden die Leute dann von mir denken?

Angst vor Ablehnung kennen wir alle. Der eine sorgt sich darum, was seine Kollegen und Freunde wohl von ihm denken, und ein anderer fürchtet, dass er mit seinem Geschenk danebenliegt und die Gunst des Beschenkten verliert. Ein wenig Angst vor Ablehnung ist überhaupt kein Thema. Belastend wird es erst, wenn man von Gedanken gehemmt wird oder Situationen aus Scham aus dem Weg geht. „Was soll's, dann hält eben mein Kollege diese Rede", höre ich dann manchmal. Oder jemand begnügt sich jahrelang mit einer Stellung, die eigentlich unter seinem Niveau liegt, nur weil er Angst hat, sich zu bewerben. Es ließen sich sicherlich noch mehr derartige Situationen aufzählen, die vielen Menschen zu schaffen machen. Fast jeder zehnte Niederländer hat irgendwann in seinem Leben an einer „sozialen Angststörung" gelitten. Das ist eine „tiefsitzende Angst vor einer oder mehreren Situationen, in der die betreffende Person der möglicherweise kritischen Beurteilung anderer ausgesetzt ist und fürchtet, sich lächerlich zu machen" (https://www.trimbos.nl)[1].

Wenngleich soziale Angststörungen häufig vorkommen, lässt sich glücklicherweise doch etwas dagegen unternehmen. Allerdings gab es in den Niederlanden bislang kein praktisches Selbsthilfebuch für den Umgang mit sozialen Angststörungen und Schüchternheit. Wer könnte diese Lücke besser füllen als Rob Faltin? Ich kenne Rob seit Jahren als einen feinen, engagierten Kollegen, der für unsere Klienten Kopf und Kragen riskiert. Er vereint Geist mit Kreativität und Gefühl, und er zögert nicht, spannende Übungen anzugehen. Es erfordert schon einiges an Mumm, sich mit Klienten auf die Straße zu begeben und dort lauthals falsch zu singen. Sein Buch *Plankenkoorts* (Hogrefe, 2011) ist ein Muss für jeden, der Lampenfieber überwinden will. Auch in *Lass sie denken, was sie wollen* schlägt er eine Brücke zwischen den neuesten wissenschaftlichen Erkenntnissen und der (spannenden) Praxis. Es ist ein Buch für jedermann.

Begeben wir uns zurück in den großen Saal, in dem ich meinen Vortrag halten sollte. Inspiriert von Rob, nahm ich mir vor, mit dem Publikum eine Übung durchzuführen: In dem mucksmäuschenstillen Saal schwieg ich absichtlich eine Minute lang – dann sagte ich, dass ich völlig den Faden meines Vortrags verloren hätte. Und was geschah? Nichts! Danach kam sogar ein Zuhörer zu mir und sagte, wie mutig er es gefunden habe, dies während meiner Präsentation einfach zuzugeben. Sie sehen also, dass derartige spannende Übungen andere Reaktionen hervorrufen können, als man im Vorfeld erwartet.

Sie haben dieses Buch vor sich, und nun sind Sie an der Reihe. Sie werden sehen, mit Hilfe der Übungen werden Sie immer mehr wagen. Viel Erfolg und viel Spaß!

Prof. Dr. Patricia van Oppen
Januar 2017

Anmerkungen

1 Das Trimbos-Institut ist das nationale niederländische Wissensinstitut für psychische Gesundheitsfürsorge, Suchtbehandlung und Sozialfürsorge.

Lass sie denken, was sie wollen!

Fällt es Ihnen schwer, im Zentrum der Aufmerksamkeit zu stehen? Werden Sie bei geselligen Zusammenkünften, Essenseinladungen oder Sitzungen immer wieder nervös? Verfallen Sie ins Grübeln, bevor, während oder nachdem Sie Ihre Meinung gesagt haben? Suchen Sie nach Ausreden, um sich nicht bewerben zu müssen? Dann sind Sie damit nicht alleine. Sehr viele Menschen haben mit einer Form sozialer Angst zu kämpfen. Sie fürchten, sich total zu blamieren und lächerlich zu machen, sie haben Angst, zu versagen oder ängstigen sich davor, dass alle plötzlich merken könnten, wie wenig sie eigentlich zu bieten haben. All diese Gedanken fallen unter die Überschrift „Denken für andere“: Man lässt seine Gedanken ständig darum kreisen, „was andere womöglich über einen selbst denken werden“.

In *Lass sie denken, was sie wollen* (#Lsdwsw) lehre ich Sie, diese Angst zu zügeln. Ich tue das, indem ich Ihnen darlege, wie Denken für andere funktioniert, und Sie dazu motiviere, genau die Dinge zu tun, die Sie so beängstigend und aufregend finden. Die Übungen, die ich in diesem Buch beschreibe, habe ich allesamt durchgeführt, gemeinsam mit Klienten, die ich begleitet habe. Mit Menschen, die sich ebenso wie Sie dazu entschlossen haben, etwas gegen ihre soziale Angst zu unternehmen. Die (hellgrau hinterlegten) Beispiele von Wilma, Elin und Vincent in diesem Buch sind also aus dem Leben gegriffen. Ich habe sie lediglich etwas abgeändert, um zu gewährleisten, dass die Personen nicht wiedererkannt werden können. Willkommen bei #Lsdwsw!

Wilma, Vincent und Elin sind mit ihrem Leben zufrieden. Doch auf die ein oder andere Weise beschäftigen sie sich zu sehr damit, was andere von ihnen denken könnten.[1] Mit anderen Worten: Alle drei sind gut darin, „für andere zu denken“.
Wilma arbeitet als Sekretärin, sie ist 44 Jahre alt. Wegen ihrer Versagensangst traut sie sich nicht, sich auf eine höhere Position zu bewerben, obwohl sie weiß, dass sie dafür qualifiziert ist. Sie denkt, die Leute

könnten sie für überheblich halten. Vincent, ein 31-jähriger Sachbearbeiter, ist sehr mit seinem eigenen Image beschäftigt. Er legt gerne ein gutes Wort für andere ein und achtet sehr auf sein Äußeres, bemerkt aber mittlerweile, dass er oft wie auf Eiern läuft und unsicher ist, was die Leute wohl von ihm denken. Elin ist eine 28-jährige Mitarbeiterin in der Personalabteilung; seit einer Reorganisation arbeitet sie in einem Großraumbüro: Sie ist sehr angespannt, denn sie denkt, andere würden ihr ständig auf die Finger schauen. Sie glaubt, dass die anderen dann denken, sie mache ihre Arbeit nicht gut.

Für wen ist dieses Buch gedacht?

Erkennen Sie etwas von diesem „Denken für andere“, das Wilma, Vincent und Elin umtreibt, wieder? Wilma, Vincent und Elin lassen sich unnötigerweise von dem leiten, was Menschen in ihrer Umgebung denken könnten. Das führt zu Anspannung und schränkt sie darin ein, ihre Ideale zu verwirklichen. Und ihr Selbstvertrauen wird dadurch auch nicht gerade gesteigert.

Dieses Buch ist für alle Wilmas, Vincents und Elins gedacht. Also auch für Sie, wenn Sie dieses Denken für andere an sich selbst wiedererkennen. Wenn Sie sich oft minderwertig fühlen oder sich viel damit befassen, was andere von Ihnen denken. Wenn Sie sich in dem, was Sie tun, eingeschränkt fühlen, weil Sie zu viel darüber nachdenken, wie Sie auf andere wirken. Wenn Sie vor allem nicht aufzufallen versuchen oder erst dann etwas von sich selbst zeigen, wenn es perfekt ist. Oder wenn Sie ständig den lieben Frieden wahren wollen und ihr Fähnchen nach dem Wind hängen.

Das Denken für einen anderen wird oft in sozialen Situationen ausgelöst. Also in Situationen, in denen man es mit anderen Menschen zu tun hat. Denken Sie beispielsweise an folgende Situationen:

- Vor Publikum auftreten;
- Fehler begehen, während andere zuschauen;
- etwas Peinliches sagen oder tun;
- eine Meinungsverschiedenheit mit jemandem haben;
- sich bewerben;
- Leute privat oder am Arbeitsplatz kennenlernen;

- eine abweichende Meinung äußern;
- Smalltalk halten;
- über persönliche Dinge sprechen;
- ein Date haben;
- Augenkontakt mit attraktiven Menschen oder Menschen mit höherem Status halten;
- mit anderen zusammenarbeiten, essen, laufen oder Sport treiben;
- etwas in ein Geschäft zurückbringen;
- telefonieren;
- eine öffentliche Toilette benutzen.

Woche für Woche begebe ich mich mit meinen Klienten auf die Straße, um ihnen dabei zu helfen, ihre Ängste in den Griff zu bekommen. Manchmal erhalten wir großartige, spontane Reaktionen, wenn wir gemeinsam hart daran arbeiten, das Denken für andere einzudämmen. So sagte etwa ein Passant auf unsere Fragen hin, dass er es für ganz menschlich halte, wenn jemand bei einer Präsentation nervös sei. Eine Viertelstunde lang erzählte er uns von seiner Sicht der Gesellschaft. Bei einem elegant gekleideten Mann, der ziemlich mürrisch aussah, fand ich es ganz schön mutig, dass ihn mein Klient nach dem Weg zum Zentrum fragte, seine Erklärungen angeblich mehrmals nicht verstand und dann in die andere Richtung ging.

Solche praktischen Übungen sind für alle geeignet, die ihre sozialen Ängste in den Griff bekommen möchten. Deshalb habe ich ein Buch darüber geschrieben: dieses Buch mit dem Titel *Lass sie denken, was sie wollen*, oder #Lsdwsw.

Lassen Sie mich gleich etwas eingestehen: Wenn ich für andere gedacht habe, befand ich mich sehr oft auf dem Holzweg. Man sieht jemanden und ehe man sich versieht, denkt man: Das ist ein Widerling. Wenn man dann mit dieser Person spricht und sich für sie interessiert, stellt man fest, dass man völlig falsch lag. Dann kann man sein Denken korrigieren. Oder man denkt, dass jemand anderes einen nicht mag. Wenn man aber genauer hinhört, merkt man, dass er überhaupt nicht mit einem beschäftigt ist, und gar nicht daran denkt, einen zu beurteilen.

Doch wenn man sich nicht dafür öffnet, was einen anderen wirklich beschäftigt, findet man vielleicht niemals den Mut, sein Leben in seiner ganzen Fülle auszuleben, weil man immerzu Angst hat, abgelehnt zu werden.

Es gibt eine Skala, die von der Angst vor Ablehnung bis zu asozialem Denken reicht. Auf der Mitte dieser Skala befindet sich das Einfühlungsvermögen. Es ist nützlich, um sich in andere hineinzuversetzen, denn überall in unserem Umfeld gibt es andere Menschen, mit denen wir umgehen. Menschen, von denen wir manchmal auch abhängig sind, etwa einem Chef. Einfühlungsvermögen kann jedoch in ein übertriebenes Denken für andere und in Angst vor Ablehnung münden. In einem solchen Fall ist die Angstfunktion in unserem Gehirn nicht gut reguliert: Sie reagiert zu schnell. Wenn man sich darin übt, Dinge zu tun, die manchmal eher in eine asoziale Richtung weisen, lernt man allmählich, seine Angst zu bändigen. Das ist #Lsdwsw.

Natürlich ist es gut, sich in einen anderen hineinzuversetzen. Ein wenig Angst vor Ablehnung kann manchmal durchaus nützlich sein. Deshalb ist es wichtig zu erkennen, dass Ihr Ziel nicht darin besteht, keine Rücksicht mehr auf andere zu nehmen. Mit #Lsdwsw wird man nicht zu einem asozialen, kalten Fisch. Das Ziel besteht auch nicht darin, nie wieder unsicher darüber zu sein, was andere von einem denken. Doch mit #Lsdwsw können Sie der Angst vor Ablehnung ein Gegengewicht bieten. Mit #Lsdwsw lernen Sie, das Denken für andere im Zaum zu halten. Mit anderen Worten: Mit #Lsdwsw können Sie an den Dingen arbeiten, die Sie daran hindern, zu tun, was Sie wirklich wollen. Mit diesem Buch schärfen Sie Ihren Sinn dafür, was Einfühlungsvermögen und was „Denken für andere" ist (**Abbildung 1**). Sie rekalibrieren Ihr Angstsystem.[2]

Unsere Aufgaben bei #Lsdwsw

In diesem Buch gehen wir gemeinsam Ihr Denken für andere an. Sie zu leiten, zu verleiten und anzuleiten, darin bestehen meine Aufgaben. Ich werde Sie zu Ihren Zielen leiten, Sie zu Übungen verleiten, die speziell

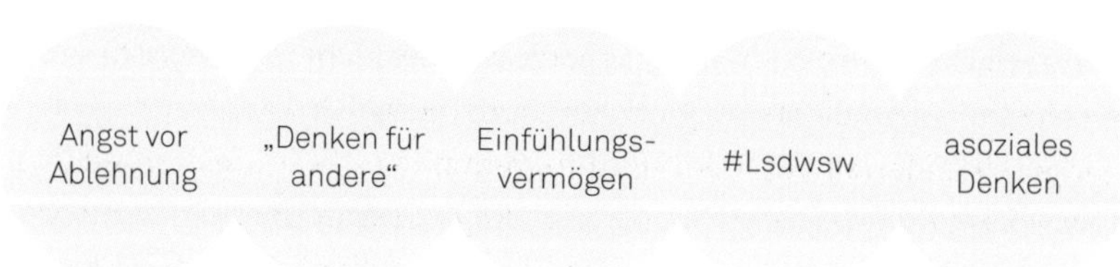

Abbildung 1: Von der Angst vor Ablehnung zum asozialen Denken

dazu entworfen wurden, Ihr Denken für andere im Zaum zu halten, und Sie dazu anleiten, Ihr eigener #Lsdwsw-Coach zu werden. Ihre Aufgabe besteht darin, dieses Buch zu lesen und sich dazu verleiten zu lassen, Ihr Denken für andere zu verändern. Sie tun dies, indem Sie dieses Buch Kapitel für Kapitel lesen und das Gelesene direkt in Ihrem täglichen Leben anwenden. Es genügt nicht, das Buch nur zu lesen, um Ihr Denken für andere in den Griff zu bekommen.

Das Buch dient als Mittel, um selbst zur Tat zu schreiten. Denn die Übungen, die man selbst entwickelt und durchführt, bilden die Essenz von #Lsdwsw. Deshalb habe ich mich darum bemüht, das Buch schmal zu halten. Sobald Sie die (einfache) Theorie verstanden haben, können Sie sich ans Üben machen. Diese Übungen sind Ihre Investition, um Ihr Denken für andere so bald als möglich einzudämmen.

#Lsdwsw ist „learning by doing". Und wenn Sie hin und wieder etwas nicht verstehen? Kein Problem. Fragen Sie jemanden um Hilfe, oder lesen Sie weiter und machen Sie die nächste Übung. Sowohl aus dem, was Sie gut verstehen, als auch aus dem Umgang damit, was Sie nicht gut verstehen, können Sie etwas lernen. Es empfiehlt sich, neben dem Buch ein Notizbuch (oder eine digitale Datei) zu verwenden. In Ihrem Notizbuch können Sie beispielsweise die wichtigsten Punkte festhalten und Ihre Übungen planen. Auch für manche Übungen benötigen Sie das Notizbuch. Lass sie denken, was sie wollen!

Learning by doing

„Lass sie denken, was sie wollen" kann jeder lernen. Das Rezept besteht vor allem darin, das zu tun und immer und immer wieder zu tun, was Sie aus Angst vermeiden. Lernen Sie, Gedanken in das eine Ohr hinein und aus dem anderen Ohr wieder herauszulassen. Nehmen Sie in Angriff, was Sie sich nicht trauen: auf alle möglichen Arten und in allen möglichen Situationen. In unserer Beratung nennen wir das „Exposition" (sich etwas aussetzen, sich mit etwas konfrontieren). Entwickeln Sie Ihr eigenes maßgeschneidertes Veränderungsprogramm. #Lsdwsw basiert auf kognitiver Verhaltenstherapie bei sozialer Angst. Darin erlernen Menschen Übungen, um ihre Probleme selbst zu lösen und Rückfällen vorzubeugen. Kognitive Verhaltenstherapie wird in vielen Ländern von Hochschulkommissionen und anderen Experten als Therapie erster Wahl bei Angststörungen empfohlen und medikamentösen Behandlungen gleichgestellt, wenn nicht gar vorgezogen.[3] In #Lsdwsw erfahren Sie in verständlicher Sprache, was Ihnen die kognitive Verhaltenstherapie bieten kann, um das Denken für andere anzugehen.

Sie können lernen, Ihre Angst zu bändigen. Wenn Sie mit #Lsdwsw arbeiten:

- lernen Sie, indem Sie viel in verschiedenen Situationen üben;
- lernen Sie, realistischer zu denken und Ihren Gedanken weniger Bedeutung beizumessen;
- lernen Sie, dass Vermeidungsverhalten Ihrem Selbstvertrauen im Wege steht;
- beginnen Sie, Dinge zu üben, zu denen Ihnen noch der Mut fehlt (Exposition);
- lernen Sie, ein Gespräch fortzusetzen, auch wenn es nicht angenehm verläuft;
- üben Sie, mit Anspannung in sozialen Situationen umzugehen, ohne alles auf Sie selbst zu beziehen;
- üben Sie, im realen Leben vorsätzlich etwas Seltsames zu tun oder Dinge zu tun, die wohl jeder schwierig findet;
- lernen Sie, mit Ihren Gedanken ganz bei einem Gespräch zu bleiben;
- bereichern Sie Ihr Denken mit Tatsachen aus der eigenen Erfahrung;
- sammeln Sie Informationen darüber, was andere wirklich über Sie denken;
- gewinnen Sie einen besseren Einblick in Ihre sozialen Kompetenzen;
- lernen Sie, sich vor, während und nach sozialen Situationen selbst zu coachen;
- lernen Sie, sich selbst nicht herabzusetzen und Ihr Verhalten zu verbessern;
- lernen Sie, im Nachhinein nicht damit zu hadern, wie Sie sich verhalten haben;
- lernen Sie, nach dem Fallen wieder aufzustehen;
- lernen Sie, mit Ablehnung umzugehen;
- steigern Sie Ihr Selbstvertrauen;
- werden Sie sich mehr zutrauen.

Was wir mit #Lsdwsw nicht tun:

- Wir versuchen nicht, andere zu verändern. Sie können sehr gut an sich selbst arbeiten. Das Ziel dieses Buches besteht nicht darin, andere so zu verändern, dass diese Sie nett finden oder nicht mehr kritisieren, denn das kann sich kontraproduktiv auswirken.
- Das Ziel besteht auch nicht darin, keine Angst mehr zu empfinden oder keine körperlichen Symptome mehr zu verspüren. Denn Angst ist eine natürliche Emotion, die zum Leben dazugehört. Setzen Sie sich also nicht zum Ziel, dass Ihnen beispielsweise nicht mehr heiß wird oder Sie nicht mehr zittern.
- Auch Fehler zu vermeiden, ist nicht das Ziel von #Lsdwsw. Menschen machen nun einmal Fehler. Sie lernen hier jedoch, mit Ihren Fehlern umzugehen. Zum Beispiel, wenn Sie mal nicht die richtigen Worte finden können, etwas sagen, was nicht stimmt, oder etwas tun, was Sie besser gelassen hätten.

#Lsdwsw verlangt Ihnen einiges ab. Sind Sie bereit, genau das zu tun, was Sie bisher vermieden haben? Sind Sie bereit, sich auf schwierige Situationen einzulassen und sich darin so ängstlich wie möglich zu fühlen? Sind Sie bereit, in der Praxis mit all Ihren Sinnen zu erkunden, was dabei tatsächlich passiert?

#Lsdwsw ist einfach, kann sich anfangs jedoch unangenehm anfühlen. Das ist normal. Schließlich sind Sie dabei, eine neue Gewohnheit einzuüben. Ihre alte Gewohnheit, für andere zu denken, ist vielleicht schon seit Jahren fest verankert – so etwas lässt sich nicht ohne Weiteres ablegen. Sie brauchen Durchhaltevermögen, um Übungen durchzuführen, die sich künstlich oder „fremdartig" anfühlen. Aber Veränderung muss nicht immer ganz allein durchgestanden werden, ganz im Gegenteil. Nutzen Sie meine Tipps und bitten Sie Menschen in Ihrer Umgebung, Ihnen beizustehen. Sie werden Ihnen über schwierige Momente hinweghelfen.

Übung 1.1 Wie viel denke ich für andere?

Füllen Sie zunächst den Fragebogen auf Seite 133–134 aus. Dann wissen Sie, inwieweit Sie Schwierigkeiten mit dem Denken für andere haben. Wo erzielen Sie eine hohe Punktzahl? Dabei, auf einer Party mit anderen ins Gespräch zu kommen? Oder dabei, jemanden während eines Gesprächs anzuschauen? Dann sind das Punkte, an denen wir ansetzen.

Überblick über dieses Buch

Nach dieser Einführung werden Sie im zweiten Kapitel lernen, was Denken für andere bedeutet und wie Sie es mit #Lsdwsw eindämmen können. Sie werden Ihren Blick dafür schärfen, wovor Sie genau Angst haben und wie Sie damit umgehen können. Aber ... von schönen Worten wird man nicht satt: Natürlich ist hier Ihr eigenes Handeln gefragt. Damit beginnen Sie im dritten Kapitel: „Das Handwerk der Exposition“. Außerdem finden Sie in diesem Buch Übungen, die Ihr Selbstvertrauen stärken. Was nicht fehlen darf: Sie erstellen Ihren eigenen Leitfaden für die Zukunft. Versuchen Sie, dem Gang des Buches zu folgen, aber erstellen Sie Ihren Leitfaden auch so, dass er zu Ihnen passt. Schließlich kennen Sie sich selbst am besten, wenden Sie daher vor allem das an, was bei Ihnen gut funktioniert und nehmen Sie Ihr Denken für andere von verschiedenen Seiten in Angriff.

Wilma, Vincent und Elin

Wilma ist eine 44-jährige, alleinerziehende Mutter, die als Sekretärin arbeitet. Sie hat guten Kontakt zu einigen anderen Müttern. Früher kümmerte sie sich gerne um die Kinder von Freunden und Nachbarn. Jetzt sind Lesen, Reisen und Kochen ihre Hobbys. Sie fürchtete sich immer davor, etwas Dummes zu sagen oder für hässlich gehalten zu werden. Ihrem Äußeren widmet sie viel Zeit. Wegen ihrer Versagensangst hat sie nach dem Abitur einige Studien, die sie begonnen hatte, wieder abgebrochen. Ihr Vorgesetzter hat ihr kürzlich vorgeschlagen, sich intern für eine höhere Position zu bewerben, doch Wilma traut sich nicht, diese Herausforderung anzunehmen. Sie ist oft angespannt und versucht, mit dieser Anspannung umzugehen, indem sie alles perfekt macht, damit niemand sie kritisiert.

Vincent ist ein 31-jähriger Sachbearbeiter, er hat eine Freundin, mit der er aber nicht zusammenwohnt. Er ist ein geschätzter Kollege und hat gerade eine berufliche Weiterbildung abgeschlossen. In seiner Freizeit geht er gern joggen. Während seiner Schulzeit zog er mit seinen Eltern in einen anderen Ort und hatte danach Schwierigkeiten, bei Gleichaltrigen Anschluss zu finden. In dieser Zeit begann er unter Erröten und übermäßigem Schwitzen zu leiden und entwickelte eine Angst davor.

Seither verwendet Vincent viel Deodorant, Aftershave und Parfüm, um sicherzugehen, dass er nicht schlecht riecht und andere ihn nicht für ungepflegt halten. Eine Zeit lang hat er sich auch täglich mittags umgezogen. Er wählt seine Kleidung so, dass Schweißflecken möglichst wenig zu sehen sind. Manchmal zieht er ein Jackett an, um die Schweißflecken zu verbergen, auch wenn ihm darin besonders warm ist. Neben seiner Angst zu schwitzen, hat Vincent auch Angst davor, rot zu werden, und er fürchtet, dass man ihn dann für unzuverlässig halten könnte. Wenn er mit Freunden essen geht, betritt er am liebsten als Erster das Restaurant und wählt einen Tisch irgendwo in einer dunklen Ecke. Dort fällt sein Erröten schließlich nicht so stark auf. Bei Vorstellungsrunden im beruflichen Zusammenhang weiß er oft nicht, wie er sich verhalten soll.

Elin ist eine 28-jährige, verheiratete Frau mit zwei Kindern. Sie arbeitet im Personalbüro eines großen Verlages. In ihrer Freizeit trifft sie sich gerne mit Freundinnen oder unternimmt etwas mit ihrer Familie. Sie kümmert sich regelmäßig um ihre Großmutter, die in der Nähe wohnt und schlecht zu Fuß ist. Seit einer Reorganisation in ihrem Unternehmen geht Elin nicht mehr mit Freude zur Arbeit. Sie muss nun in einem Großraumbüro sitzen und hat das Gefühl, dass ihr alle auf die Finger schauen. Wenn jemand in der Nähe ist, fangen ihre Hände oft an zu zittern. Im Großraumbüro traut sie sich nicht, zu telefonieren. Außerdem hat sie wegen ihrer sprachlichen Schnitzer Angst vor einer negativen Beurteilung. Sie arbeitet in einem Verlag und möchte fehlerfrei schreiben können. Doch manchmal verwechselt sie d mit t. Bei ihren E-Mails führt sie immer zuerst eine Rechtschreibprüfung durch und liest sie dann noch dreimal langsam durch, um sicherzugehen, dass sie nicht doch versehentlich Fehler enthalten. Sie fürchtet sich vor Rechtschreibfehlern, aber auch davor, dass sie aufgrund einer ungeschickten Formulierung unabsichtlich jemanden beleidigt.

Kein Talent erforderlich: planen, Ziele setzen und um Hilfe bitten

Viele Menschen denken, dass Persönlichkeit, Intelligenz und körperliche Fähigkeiten festliegen. Dass jemand einen Marathon gewinnt, weil er lange Beine hat. Oder dass jemand eine Eins in einer Prüfung bekommt, einfach weil er superklug ist. Schauen Sie sich nur einmal an, wie oft man von Talent spricht, auch in den Medien wimmelt es nur so von Aussagen über „Talent". Diese Fokussierung auf Talente kann manchmal dazu führen, dass es Menschen schwerfällt, sich zum Lernen zu motivieren. Man glaubt dann schnell, man habe kein Talent und es sei daher sinnlos, etwas zu lernen.

Niemand kann leugnen, dass es Talente oder Begabungen gibt, aber was ist damit eigentlich gewonnen? Talente lassen sich schwer erkennen. Es ist besser, seine Zeit und Energie auf Dinge zu verwenden, die man beeinflussen kann.[4] Nämlich: darauf, wie lange und wie gut man etwas übt. Denn darum geht es: Wenn Sie etwas lange und gut üben, können Sie viel erreichen. Ob Sie nun Talent haben oder nicht. Jeder kann lernen, sich weniger damit unter Druck zu setzen, was andere denken könnten.

Etwas zu lernen, beginnt mit einem Plan. Ein Plan kann aus wenigen Worten bestehen, zum Beispiel:

- Ich gehe um 23:00 Uhr ins Bett.
- Ich arbeite jeden Morgen von 7:30 bis 8:00 Uhr an meiner neuen Gewohnheit.
- Jeden Tag verteile ich fünf Komplimente.
- Wenn ich etwas nicht verstehe, stelle ich dazu eine Frage.
- Statt es aufzuschieben, mache ich mich gleich mit #Lsdwsw an die Arbeit.

Sie können es noch genauer formulieren:

- Um 22:45 Uhr ziehe ich meinen Pyjama an und putze mir die Zähne.
- Jeden Morgen jogge ich zwei Runden im Park.
- Ich mache aufrichtige Komplimente über die Arbeit meiner Kollegen, über etwas, das mir jemand erzählt, oder über das Äußere einer Person.
- Morgen werde ich meinen Kollegen Jan bitten, mir beim Scannen zu helfen.
- Ich werde heute Nachmittag üben, etwas Dummes zu sagen, z.B. vor dem Supermarkt zu fragen, wo der Supermarkt ist.

Übung 1.2 Einen Plan erstellen

Tragen Sie Ihren Plan in Ihr Notizbuch ein und evaluieren Sie ihn alle paar Tage: Was hat gut funktioniert und was könnte besser laufen? Konzentrieren Sie sich auf das, was Sie beeinflussen können, nämlich Ihr eigenes Verhalten. Machen Sie sich selbst nicht herunter, wenn etwas nicht funktioniert, sondern „bleiben Sie bei der Sache": Konzentrieren Sie sich darauf, was Sie tun wollen, und nicht darauf, was Sie nicht wollen.[5]

Wilma hat sich als erstes Ziel gesetzt, weniger Dinge zu tun, um anderen zu gefallen. An diesem Wochenende kommt ihre Freundin Annelies mit ihrem Mann Jeroen zum Abendessen. Normalerweise würde sie sich eine Woche im Voraus Gedanken darüber machen, was sie kochen will, und noch weit früher nach den besten Rezepten für ein Vier- oder Fünf-Gänge-Menü suchen. Sie würde den ganzen Samstag in der Küche stehen. Aber nun will sie die Sache anders angehen.

Das Wetter soll schön werden und eigentlich möchte sie an diesem Samstag tagsüber eine Radtour machen. Aber was wird dann aus dem Abendessen? Wird es ein schöner Abend werden, wenn nicht alles bis ins letzte Detail geregelt ist? Sie beschließt, als Vorspeise eine leckere Fertigsuppe zu servieren. Sie zweifelt noch: Soll sie frische Zutaten hinzugeben? Ihrem Gefühl nach schon, denn das tut sie schließlich immer und jeder findet das köstlich. Aber sie will gerade üben, nun einmal nicht in ihre alten Gewohnheiten zu verfallen.

Wilma verabredet sich am Samstag mit einer anderen Freundin zum Fahrradfahren, obwohl Annelies und Jeroen am Abend zu Besuch kommen. Außer der Fertigsuppe wird sie ein Makkaroni-Gericht mit einer Tomatensauce aus dem Glas und geriebenem Parmesankäse zubereiten. Sie kauft auch eine Packung gemischten Salat und einen Becher Joghurt. Das ist für sie sehr gewöhnungsbedürftig, denn es ist genau das Gegenteil von dem, was sie üblicherweise getan hätte: die besten Rezepte suchen und den ganzen Tag in der Küche stehen. Ihr kommen Gedanken wie: Wenn ich ein Fertiggericht anbiete, werden sie mich für asozial halten. Aber sie will derartige Gedanken zurückdrängen, also bereitet sie ein Fertiggericht vor. Außerdem würde sie sich normaler-

weise morgens mindestens eine halbe Stunde lang schminken, auch für eine Fahrradtour. Aber sie ist in der #Lsdwsw-Stimmung, daher beschließt sie, sich überhaupt nicht zurechtzumachen.
Die Radtour ist großartig! Wilma spricht mit ihrer Freundin über ihren Wunsch, weniger perfektionistisch zu sein, und darüber, wie sie das schaffen kann. Es ist ein gutes Gespräch, denn ihre Freundin versteht genau, was sie meint.
Beide stellen fest, dass sie andere Menschen nach völlig anderen Maßstäben messen als sich selbst: bei jemandem zu essen, der ein Fertiggericht zubereitet hat? Das macht ihnen nichts aus, solange es schmeckt und der Abend angenehm ist. Bei einer solchen Verabredung geht es ja nicht in erster Linie um das Essen, obwohl es natürlich schön ist, wenn es schmeckt. Sie würden das einer Freundin oder einem Freund niemals ankreiden. Aber sich selbst gegenüber sind sie viel strenger. Als sie gemeinsam darüber reden, werden sich beide dieses „Messens mit zwei Maßstäben“ oder dieser „Doppelmoral“ bewusst. Wilma inspiriert ihre Freundin dazu, auch einmal mit einem Verhalten zu experimentieren, das alles andere als perfektionistisch ist.

Um 16:30 Uhr ist Wilma wieder zu Hause. Dieses Mal saugt sie das Wohnzimmer nicht und bereitet schnell das Abendessen vor. Sie wird Annelies und Jeroen von dem schönen Tag erzählen können und ist neugierig darauf, was sie zu berichten haben. Anfangs entschuldigt sich Wilma ein paar Mal für das „einfache Essen“, aber Annelies und Jeroen finden das unsinnig. Sie finden das Essen köstlich. Daher gelingt es Wilma schnell, sich nicht mehr zu entschuldigen. Sie reden über alles Mögliche, und als Wilma ihnen erzählt, womit sie sich gerade beschäftigt, entwickelt sich ein persönliches Gespräch. Ein gelungener Tag!

Hinterher schreibt Wilma in ihr Notizbuch, wie sie ihr neues Verhalten im Voraus geplant hat. Sie beschreibt detailliert, wann es ihr gelungen ist, das Gegenteil von dem zu tun, was ihr Perfektionismus ihr diktierte. Sie spürt, wie viel Spaß es ihr gemacht hat, ihre Herausforderung mit ihren Freunden zu besprechen. Diese Form der Exposition hat sie dazu motiviert, ihre neuen Gewohnheiten beizubehalten: für ihre Gäste ein einfaches Essen zu kochen und sich nicht zu schminken.

Übung 1.3 Ziele setzen

Wie Sie gesehen haben, bestand eines von Wilmas Zielen darin, weniger zu tun, um anderen zu gefallen. Das ist an sich ein gutes Ziel, und Wilma geht es hervorragend an. Aber man kann sein Ziel im Vorfeld noch genauer beschreiben. In Wilmas Fall könnte es unter anderem lauten: „Ich koche ein einfaches Essen für meine Gäste" oder „ich schminke mich nicht".

Ich möchte Sie nun bitten, Ihre eigene Liste mit Zielen zu erstellen (**Tabelle 1**). Dabei kann Ihnen die „Wunderfrage" helfen: Stellen Sie sich vor, heute Nacht, während Sie schlafen und das ganze Haus in Stille gehüllt ist, geschieht ein Wunder. Das Wunder besteht darin, dass Ihr Problem gelöst ist. Aber weil Sie geschlafen haben, wissen Sie nicht, dass das Wunder stattgefunden hat. Wenn Sie dann am nächsten Morgen aufwachen, was würde anders sein, wodurch würden Sie erkennen, dass ein Wunder geschehen und Ihr Problem gelöst ist?[6]

Was würden Sie dann anders machen? Würden Sie jemanden anrufen, würden Sie sich um eine bestimmte Stelle bewerben, würden Sie sich trauen, irgendwo zu spät zu kommen?

Tabelle 1

Meine Ziele (was ich tun oder lassen würde, wenn ich nicht mehr für andere denken würde):
...
...
...
...
...

Erstellen Sie zusätzlich zu dieser Liste eine Collage Ihrer Ziele. Nehmen Sie sich ein paar Stifte, Zeitschriften und Fotos und gestalten Sie etwas, das Ihre Ziele repräsentiert: Versetzen Sie sich zum Beispiel in eine Situation, in der Sie gerne sein möchten. Verwenden Sie die Liste Ihrer Ziele und Ihre Collage von Zeit zu Zeit, um sich zu motivieren und zu sehen, wie viel Sie von Ihrem Vorhaben, das Denken für andere einzudämmen, erreicht haben.

Ich empfehle Ihnen, einen „Helfer" einzubeziehen. Das kann ein Familienmitglied, ein Partner, ein enger Freund oder ein Kollege sein. Die Aufgaben des Helfers können darin bestehen:

- dieses Buch mitzulesen;
- sich Ihre Geschichte anzuhören, vor allem Ihre Schilderung, wie Sie für andere denken und was Sie konkret erreichen möchten;
- Sie bei den Übungen zu unterstützen, mit Ihnen zusammen zu üben;
- Sie während der Übungen zu filmen, damit Sie sich selbst sehen können, Ihre Fortschritte verfolgen können und üben können, indem Sie die Videos anderen zeigen;
- Sie zu den Gedanken zu interviewen, die Sie gerne verändern möchten;
- selbst zu diesen Gedanken interviewt zu werden;
- Ihre Expositionsübungen mit Ihnen zu evaluieren;
- Sie zu motivieren, wenn es gut läuft, aber auch, wenn es mal schlecht läuft.

Verabreden Sie sich mit Ihrem Helfer und besprechen Sie, wie er oder sie Sie am besten unterstützen kann. Es ist wichtig, dass Sie Ihrem Helfer genau erklären, was Sie von ihm oder ihr erwarten. Der Helfer sollte die Dinge nicht selbst in die Hand nehmen oder unaufgefordert Ratschläge erteilen. Es ist wichtig, dass Ihr Helfer nicht Ihr Problem löst, sondern Ihnen hilft, es selbst zu lösen. Schließlich ist es hilfreich, wenn Ihr Helfer immer wieder versucht, sich in Sie einzufühlen, positiv zu bleiben, nach Handlungsoptionen sucht und nicht verärgert reagiert.

Vincent hat seine Wahl schnell getroffen: Er fragt seine Partnerin Anneke, ob sie seine Helferin sein möchte. Anneke ist schon aufgefallen, dass Vincent sehr mit seinem Äußeren beschäftigt ist. Manchmal ärgert sie sich, wenn er zu oft duscht oder sich mittags schon wieder umzieht. Vincent weiß, dass er unter den Gedanken leidet, „wenn ich nicht gut rieche, halten mich die Leute für einen Schmutzfink" und „wenn ich rot werde, halten mich die Leute für schwach". Ihm ist bewusst, dass er diese Gedanken eindämmen kann, indem er sich dem Wenn-Teil seiner Gedanken aussetzt.
Vincent bittet Anneke um Hilfe. Zuerst denken sie darüber nach, wann er es geschafft hat, den ganzen Tag dieselbe Kleidung zu tragen und zwischendurch kein Deo zu verwenden. Das war in den Ferien und als er

krank war. Sie machen einen Plan, um mit dem Üben zu beginnen. Anneke hat eine Idee: Sie kann mal zwei Tage hintereinander dieselbe Kleidung tragen, kein Deodorant benutzen und sich nicht waschen, und dann sehen, wie schlimm das ist. Sie ist dazu bereit, wenn Vincent mindestens die Hälfte der Zeit mitmacht: er sich also einen Tag lang nicht wäscht und kein Deo verwendet. Sie haben einen gemeinsamen Plan und führen ihn gemeinsam aus.

Vincent und Anneke stellen beide fest, dass sie sich anfangs und auch im Laufe des Tages unbehaglich fühlen. Dennoch gelingt es ihnen, kein Deo zu verwenden. Sie haben Kontakt mit anderen Menschen und merken, dass vor allem ihnen selbst viele Gedanken durch den Kopf gehen, anderen es aber anscheinend nichts ausmacht.

Aber das ist noch nicht alles! Mit einem leuchtend roten Lippenstift und einem kleinen Schwämmchen färben sie sich ihre Wangen rot, um den Eindruck zu erwecken, dass Sie erröten. Dann stellen sie sich in eine belebte Einkaufsstraße und fragen dort die Passanten: „Haben Sie schon einmal jemanden erröten gesehen?", „Was haben Sie damals gedacht?", „Dachten Sie danach anders über diese Person als davor?"

Vincent notiert die Reaktionen in seinem Notizbuch. Sie fallen recht unterschiedlich aus. Manche Passanten möchten nicht befragt werden. Drei Leute sagen, dass jemand, der rot wird, nervös ist. Ein Passant sagt, er habe damit selbst Probleme. Fast alle Befragten geben an, dass das Erröten ihre Einstellung zu der Person nicht beeinflusst habe. Einige wenige Menschen bekunden spontan, dass sie selbst es unproblematisch fänden, wenn jemand rot wird. Es sei vor allem für die Person selbst unangenehm. Eine Person sagt, dass es sie ablenke, wenn jemand rot wird. Es gibt auch jemanden, der meint, wer rot würde, hätte etwas zu verbergen. Manche Leute fragen, wozu das Interview dienen soll. Als Vincent erzählt, dass er gerade dabei sei, seine eigenen Gedanken über das Erröten in den Griff zu bekommen, ergeben sich daraus nette Gespräche.

Anfangs findet Vincent das Ganze sehr stressig und peinlich, aber schon bald haben sich sowohl Vincent als auch seine Partnerin Anneke daran gewöhnt, mit knallrotem Gesicht auf der Straße herumzulaufen. Irgendwann vergessen sie sogar ihr rotes Gesicht und ihr Gefühl, verschwitzt zu riechen.

Zusammenfassung

Sich in andere hineinzuversetzen, ist gut. Sich manchmal etwas unsicher zu fühlen, ist normal. Aber zu viel für andere zu denken, kann Sie einschränken: bei einer Bewerbung um eine höhere Position, bei einer Präsentation oder bei dem Versuch, einen netten Mann oder eine nette Frau anzusprechen. Das Denken für andere hat zwei Seiten:

1. Die Gedanken, die Sie einschränken, z. B. „wenn ich etwas Dämliches sage, halten mich die Leute für dumm" oder „wenn ich nicht die richtigen Worte finde, halten mich die Leute für unfähig".
2. Das Handeln, das Sie vermeiden; Sie sagen beispielsweise nur noch Dinge, bei denen Sie sicher sind, dass man sie Ihnen nicht zum Vorwurf machen kann, oder Sie sorgen dafür, dass andere das Wort führen.

Es gibt unzählige solcher Gedanken und Vermeidungsweisen. Jede Person, die zu viel für andere denkt, hat ihre eigenen Gedanken und ihr eigenes Vermeidungsverhalten.

Das Denken für andere läuft meistens automatisch ab, die Eindämmung dieses Denkens ist hingegen sehr bewusst. Mit *Lass sie denken, was sie wollen* (#Lsdwsw) lernen Sie, Ihr eigenes Denken für andere zu verändern. Auf welche Weise? Dadurch, dass Sie genau das tun, was Sie aus Ihrer Unsicherheit heraus vermeiden. Sie können sofort damit beginnen, #Lsdwsw in Ihrem täglichen Leben anzuwenden. Anfangs wird es sich unangenehm anfühlen, Dinge zu tun, die Sie sonst niemals tun würden, und absichtlich Fehler zu machen, doch nach einer gewissen Zeit wird Ihr Selbstvertrauen wachsen. Bitten Sie jemanden, Ihnen bei #Lsdwsw zu helfen.

Anmerkungen

1 Die Beispiele von Wilma, Vincent und Elin sind anonymisiert. Sie beruhen auf meiner Erfahrung in der Behandlung von Menschen mit sozialen Angsterkrankungen, auf meinen Beobachtungen innerhalb und außerhalb meiner Arbeit und auf meiner eigenen Erfahrung.

2 Mehr über die Funktionsweise des Gehirns können Sie auf Seite 60 lesen.

3 Siehe z. B. die American Psychological Association (APA), http://www.apa.org/helpcenter/anxiety-treatment.aspx, oder in den Niederlanden die Werkgroep Multidisciplinaire richtlijnontwikkeling (Arbeitsgruppe für die Entwicklung multidisziplinärer Richtlinien), http://ggzrichtlijnen.nl/richtlijn/item/pagina.php?richtlijn_id=35. Ein Großteil des Wissens, das ich in diesem Buch eingearbeitet habe, stammt aus Artikeln und Vorträgen von Prof. Dr. Stefan G. Hofmann, einem Experten auf diesem Gebiet und zusammen mit Prof. Dr. Michael W. Otto, dem Autor des Buches *Cognitive Behavioral Therapy for Social Anxiety Disorder (Hofmann & Otto, 2008)*. Ihm danke ich sehr, auch für die Erlaubnis, dieses Wissen in diesem Buch weiterzugeben.

4 In vielen Religionen spielt die Dankbarkeit für Talente eine wichtige Rolle. Ich finde das gut, solange diese Dankbarkeit mit der Frage verbunden ist: „Wie kann ich mein Talent nutzen?“

5 Siehe auch http://hbr.org/video/2363646220001/how-successful-people-reach-their-goals.

6 Mit einer kleinen Anpassung zitiert aus De Jong & Berg, 2015.

Theorie

Wir alle haben Erfahrung mit Angst und Vermeidung. Nur um es klar zu sagen: Ängste gibt es in allen möglichen Ausprägungen und Stärken, von einer relativ kleinen, begrenzten Angst beispielsweise vor der Beurteilung eines Vorgesetzten bis hin zu einer lähmenden Angst vor und einem Misstrauen gegenüber jedermann. Angst kann auch nützlich sein: Weil man sich vor einem Löwen fürchtet, springt man nicht in seine Höhle – das ist eine ganz gesunde Form von Angst. Wer hat sich nicht schon einmal davor gefürchtet, vor Publikum zu sprechen, und hat gerade deshalb seine Sache besonders gut gemacht? Wenn sich das alles in Grenzen hält, wenn man nicht darunter leidet oder in seinem Handeln dadurch nicht unnötig eingeschränkt wird, ist nichts dagegen einzuwenden.

Wenn Sie sich jedoch in übertriebenem Maße davor fürchten, mit jemandem ein Gespräch anzuknüpfen oder im Beisein anderer zu telefonieren, oder wenn Sie mit aller Macht vermeiden, in Gesellschaft das Wort zu ergreifen. Dann kommt Ihnen wahrscheinlich das „Denken für andere" in die Quere und Sie können von Expositionsübungen profitieren.

Was liegt vor? Der Teufelskreis

Ihr Denken für andere kann sich in Ihrer Kindheit entwickelt haben, beispielsweise wenn Ihre Eltern Sie (zu) oft ermahnt haben: „Denk daran, was dieser oder jener von dir denken würde, wenn du ..." Denken für andere kann „in der Familie liegen": Es kann erblich sein oder eine unterschwellige Botschaft sein, die Ihre Eltern Ihnen mitgegeben haben. Es kann auch sein, dass Sie ein oder mehrere Male abgelehnt wurden und das nicht richtig verarbeitet haben. Oder dass Sie als Kind oder Erwachsener schikaniert oder malträtiert worden sind.[1] Vielleicht waren Sie schon als Kind schüchtern. Allerdings gibt es zahlreiche Menschen, die nicht schüchtern sind, und trotzdem unter dem Denken für andere leiden. Bei manchen Menschen entstehen derartige Probleme zu einer Zeit in ihrem Leben, in der sie bestimmten Stresssituationen ausgesetzt sind: zum Beispiel, wenn sie eine neue Ausbildung beginnen oder eine neue Stelle antreten, wenn sie den Wohnort wechseln oder auf der Suche nach einem Partner sind.

Wenn Sie dazu neigen, Situationen zu vermeiden, oder wenn Ihre Emotionen etwas schwankend sind, laufen Sie eher Gefahr, sich in Probleme mit dem Denken für andere zu verstricken. Oft ist es allerdings nicht klar, wie sich das Denken für andere entwickelt hat. Auf jeden Fall hat sich irgendwo in Ihrem Gedächtnis die Erwartung festgesetzt, abgelehnt zu werden. Diese Erwartung behindert Sie bei allem, was Sie tun. Es mag merkwürdig erscheinen, aber wenn Sie mit #Lsdwsw arbeiten, müssen Sie gar nicht wissen, wo dieses Denken für andere herrührt. Für die meisten Formen von Ängsten gilt:

Schreiben Sie genau auf, was Sie vermeiden, und setzen Sie sich dem aus.

Um Ihr „Denken für andere“ anzugehen, ist es wichtig, zunächst Ihr Problem zu benennen. Sie könnten darunter leiden, dass:

- Sie sich im Vorhinein Sorgen machen;
- Sie sich „im Kopf“ zu sehr mit etwas beschäftigen;
- Sie soziale Situationen vermeiden oder sie nur mithilfe von allerlei Tricks bewältigen;
- Sie sich selbst im Nachhinein abqualifizieren.

Ich werde Ihnen zunächst erläutern, was ich mit diesen vier Punkten meine, damit Sie überprüfen können, ob Sie damit zu tun haben.

1. Sich im Vorhinein Sorgen machen

Ich höre oft, dass sich Menschen schon im Vorhinein große Sorgen über eine Situation machen, in der sie ein negatives Urteil anderer befürchten. Diese Sorge im Vorfeld nennt man auch „Antizipationsangst“. Bei meiner Arbeit vernehme ich oft, dass für manche eine bestimmte Situation wie ein Berg vor ihnen liegt, sie schlafen schlecht und sind beunruhigt. Manchmal verbringen sie den ganzen Tag mit trüben Gedanken, die unaufhörlich in ihrem Kopf herumspuken. Die Gedanken und die Anspannung verflüchtigen sich allerdings meist, sobald sie aktiv werden.

Diese Sorgen im Vorfeld einer Situation sind oft vage und abstrakt. Sie sind nicht wirklich zu einem ausgeklügelten Katastrophenszenario ausgearbeitet. Jemand denkt beispielsweise den lieben langen Tag: „Ich werde das nicht schaffen“, oder „mein Chef wird mich nachher bestimmt für unfähig halten“. Gerade weil diese negativen Erwartungen nicht präzisiert werden, kriegen sie die Chance, sich endlos in Ihrem Kopf zu wiederholen. Solche unnötigen Sorgen im Vorfeld lassen sich mit einem Alarm vergleichen, der nicht richtig abgestellt wurde und deshalb immer weiter ertönt.

2. Sich „im Kopf“ zu sehr mit etwas beschäftigen

Menschen, die zu viel für andere denken, höre ich oft sagen, dass es ihnen schwerfällt, sich zu konzentrieren. Oft schweift ihre Aufmerksamkeit zu Gedanken darüber ab, was andere wohl von ihnen denken könnten. Sie hören das, was sie selbst sagen, sozusagen in voller Lautstärke oder sind stark darauf konzentriert, was sie tun. Wenn Ihnen das zu schaffen macht, haben Sie in solchen Momenten eine „erhöhte Selbstbespiegelung“. Es geht Ihnen womöglich zu viel im Kopf herum. Das kann sogar so weit führen, dass Sie in einem Gespräch völlig den Faden verlieren. Was daran liegt, dass wir nur über ein begrenztes Kurzzeitgedächtnis verfügen. Versuchen Sie doch einmal, sich in einem Zug die Zahl 35273957389372728 einzuprägen. Ich wette, Sie können sich nur ein paar Ziffern merken. Wenn Sie während eines Gesprächs gleichzeitig daran denken, wie Sie auf andere wirken, belasten Sie Ihr Kurzzeitgedächtnis zu sehr. Dann sind Sie mit Ihren Gedanken nicht mehr bei der Sache.

Dass Sie im Gespräch den Faden verlieren, muss an sich keine Katastrophe sein. Passiert es Ihnen aber immer wieder, kann es zu einem Problem werden. So entgeht Ihnen zum Beispiel die Pointe einer Geschichte. Oder andere merken, dass Sie Ihnen nicht gut zuhören und finden das vielleicht ärgerlich. Dann sollten Sie sich schnell wieder auf das Gespräch konzentrieren, gegebenenfalls einräumen, dass Sie nicht aufgepasst haben, und Ihren Gesprächspartner fragen, ob er das Gesagte kurz wiederholen kann. Wem ist es nicht schon einmal unterlaufen, dass ihm in einer Sitzung oder einem Seminar bestimmte grundlegende Informationen entgangen sind und er nicht mehr danach zu fragen wagte, weil er befürchtete, andere könnten das seltsam finden? Aber die Nachfrage nach verpassten Informationen zurückzustellen, bringt einen natürlich noch mehr in Schwierigkeiten.

3. Das Vermeiden sozialer Situationen

Viele Menschen, die darüber grübeln, was andere über sie denken, möchten nur dann etwas präsentieren, wenn es perfekt ist: Wenn sie sicher sind, nicht kritisiert zu werden. Sie schieben die Dinge immer wieder auf. Dies ist eine wesentliche Vermeidungsstrategie, die ich regelmäßig bei meinen Klienten beobachte. Die Lösung dafür ist eigentlich ganz einfach: Zeigen Sie „work in progress", lassen Sie andere etwas sehen, was noch nicht fertig ist, und bitten Sie um Rückmeldung. Seine Nachbarn oder Bekannten auf einen Kaffee einzuladen und ihnen einen unfertigen Vortrag zu halten, kann sehr unterhaltsam sein. Und es hilft Ihnen, Ihr Denken für andere abzuschwächen. Machen Sie es sich zur Gewohnheit und erzählen Sie ihnen von #Lsdwsw!

Oft ist es schwierig zu erkennen, ob man etwas aus gutem Grund vermeidet oder deshalb, weil man das Urteil anderer fürchtet. Denn für andere zu denken, tut man oft unbewusst. Vermeidungsverhalten kann dazu führen, dass man sich, absichtlich oder unabsichtlich, Gründe ausdenkt, um der Konfrontation zu entgehen.

Gehen Sie beispielsweise nicht zu einer Geburtstagsfeier oder einem Nachbarschaftsfest und sagen sich selbst und anderen, Sie seien beruflich zu eingespannt oder es gehe Ihnen nicht gut? Ein solches Verhalten kann auf Vermeidung hindeuten. Im Finden von Ausreden sind wir Experten ... doch damit kommt man nicht weit. Wenn Sie das Denken für andere in den Griff kriegen möchten, sollten Sie versuchen, gerade mit schwierigen Situationen umzugehen.

4. Sich selbst im Nachhinein abqualifizieren

Wir haben bereits gesehen, dass man vor und während einer sozialen Situation damit beschäftigt sein kann, für andere zu denken. Auch im Nachhinein kann man über sein soziales Auftreten grübeln und sich selbst abqualifizieren. Man wiederholt dann ständig in Gedanken: „Ich habe etwas Dummes gesagt", „es ist meine Schuld, dass ...", „wahrscheinlich denken sie, dass ich ...", „sie finden mich bestimmt ..." und so weiter. Sie käuen gewissermaßen Teile des Gesprächs wieder, in denen Sie Ihrer Ansicht nach etwas falsch gemacht haben.

Dieses Wiederkäuen zermürbt nach und nach Ihr Selbstvertrauen. Es führt zu nichts und kann zur Folge haben, dass Sie sich noch mehr in den Teufelskreis des Denkens (**Abbildung 2**) für andere verstricken.[2]

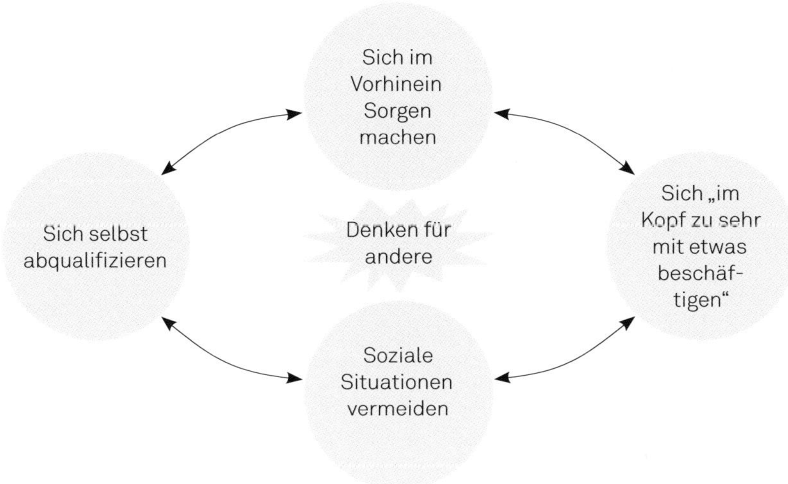

Abbildung 2: Teufelskreis des Denkens für andere

Im Teufelskreis des Denkens für andere wird Folgendes deutlich:

1. Im Vorhinein macht man sich Sorgen darüber, wie die Dinge laufen werden, was die Leute über einen denken werden. Man grübelt ohne Ende: Soll ich nun die blaue oder die schwarze Hose anziehen? Soll ich ihnen etwas von meinem Urlaub erzählen, oder finden sie das nicht interessant genug? Wird diese eine Person da sein oder nicht? Komme ich unbeschadet aus der Sache wieder raus?
2. In der Situation selbst schwirrt einem sehr vieles im Kopf herum. Man kontrolliert seine Kleidung, ob alle Knöpfe und der Reissverschluss geschlossen sind, ob die Leute gesehen haben, dass man eine Falte im Hemd hat. Während des Gesprächs entstehen Pausen und es kommt einem vor, als würden sie Stunden dauern. Wenn man redet, hört man seine eigene Stimme laut in seinem Inneren. Man ist sich allem, was man tut, sehr bewusst. Man denkt ständig darüber nach, was andere über einen denken werden. Man kann sich nur schlecht konzentrieren.
3. Vermeidung: Weil die Erfahrung so unangenehm ist, knüpft man keine weiteren Gespräche mehr an, hält das Gespräch oberflächlich und vermeidet Augenkontakt.
4. Später kaut man alles noch einmal durch, vor allem das, was nicht so gut gelaufen ist: Man wertet sich selbst ab. Man macht sich Sorgen, wie man die nächste derartige Situation übersteht.

Elin hat sich vorgenommen, ihr Denken für andere anzugehen. Sie schaut sich den Teufelskreis an und hält fest, wie dieser für sie aussieht. Unter „Besorgnis im Vorfeld" notiert sie: „Ich muss wieder zur Arbeit, mein Vorgesetzter wird mir wieder auf die Finger schauen und denken, dass ich für diesen Job eigentlich nicht gut genug bin." Bei „Sich ‚im Kopf' zu sehr mit etwas beschäftigen" schreibt sie: „Konzentrationsprobleme, weil ich auf meine Kollegen achte statt auf meine Arbeit". Und: „Wenn ich mich so ungeschickt verhalte, sehen alle, dass ich unfähig bin." Bei „Vermeidung sozialer Situationen" vermerkt sie: „Ich telefoniere nicht im Großraumbüro, ich sitze am liebsten an einem Platz, an dem andere mir möglichst wenig auf die Finger schauen können." Bei „Sich im Nachhinein abqualifizieren" schreibt sie: „Die Leute fanden mich seltsam, ich hätte mich besser auf einen anderen Platz setzen sollen, an dem ich weniger auffalle. Ich kann meinen Job nicht richtig machen, es ist lächerlich, dass sie mich für diese Position eingestellt haben, denn ich kriege überhaupt nichts hin."

Übung 2.1 Einen eigenen Teufelskreis erstellen

Erstellen Sie jetzt Ihren eigenen Teufelskreis des Denkens für andere in einer typischen Situation (**Abbildung 3**). Versuchen Sie, die vier Bereiche möglichst genau zu beschreiben. Je klarer Ihre Beschreibung ausfällt, desto mehr Handhabe werden Sie haben, diesen Kreis zu durchbrechen.

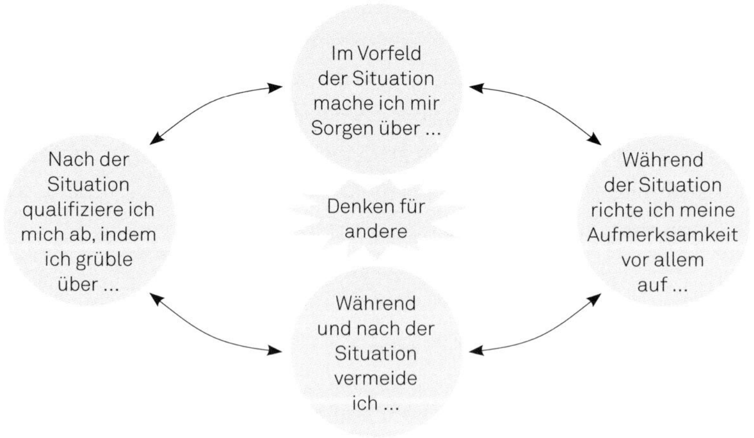

Abbildung 3: Der eigene Teufelskreis

Was denken andere, wenn man angespannt ist?

Meine Klienten haben gemeinsam mit mir Hunderte von Menschen dazu befragt, was diese denken, wenn sie z.B. einer Präsentation folgen oder auf einer Party mit jemandem reden. (Die Übung 3.6 „Eine Umfrage durchführen“ finden Sie auf Seite 84). Wir fragten die Leute vor allem, was sie denken, wenn sie jemanden sehen, der nervös ist. Die meisten Menschen gaben an, sie würden dem Gesagten folgen und nicht so sehr darauf achten, ob jemand nervös ist oder nicht. Viele hatten Mitgefühl mit jemandem, der nervös ist, und fanden es toll, dass er dennoch den Mut aufbrachte, etwas zu präsentieren. Manche fragten sich auch, wie sie dieser nervösen Person helfen können. Darüber hinaus gab es einige, die einfach nur dachten: Er oder sie ist nervös.

Meiner Erfahrung nach macht sich nur etwa jeder Zehnte bis Zwanzigste negative Gedanken über die Kompetenzen dieser nervösen Person, Gedanken wie: „Er oder sie ist nicht gut vorbereitet“ oder „er oder sie ist nicht versiert“. Und zuletzt gibt es auch Menschen, die nervöse Menschen knallhart abqualifizieren. Was sehr unangenehm sein kann, deshalb sollte man einiges Geschick darin entwickeln, mit dieser Form der Ablehnung umzugehen.

Wenn man sich die Ansichten der Menschen näher anschaut, fällt einem auf, dass sie dem, was sie erleben, oft eine eigene Wendung geben. Im Interview spricht der eine beispielsweise viel von Regeln, darüber, „was erlaubt ist und was nicht“. Ein anderer pocht darauf, „dass jeder Mensch wertvoll ist“. Ein Dritter erzählt viel von Krankheiten, und ein Vierter lässt sich ausführlich über den Niedergang unserer Gesellschaft und über Kriminalität aus. Manchmal treibt es jemand mit seinem Lieblingsthema sogar so weit, dass er auf die Frage gar nicht richtig eingeht, sondern irgendetwas erzählt, was sie oder ihn interessiert. Die Leute sind also mehr mit ihren eigenen Angelegenheiten beschäftigt, mit dem, was sie interessiert, als damit, andere zu beurteilen.

Geteilte Aufmerksamkeit

Tatsächlich beschäftigen sich die Menschen nur wenig damit, andere als Person zu beurteilen. Sie folgen oft dem Gesprächsinhalt oder sind mit ihren eigenen Dingen und Lieblingsthemen beschäftigt. In sozialen Situationen, etwa einem Gespräch, kann man zum Beispiel an Folgendes denken:

1. Das Thema

Häufig konzentrieren sich Menschen auf den Inhalt des Gesprächs. Wenn man sich über Politik unterhält, denkt man an Politik. So verhält es sich auch in anderen Situationen: Will man an einer Kasse bezahlen, denkt man daran, nach seinem Geld oder seine Kreditkarte zu suchen.

2. Externe Reize

Während eines Gesprächs denken Menschen oft auch an andere Dinge. Zum Beispiel, wie spät es ist, wie das Wetter ist, was sie gleich danach machen möchten usw. Oder sie sind von etwas abgelenkt, das sie während des Gesprächs sehen oder hören. Auch das Beurteilen eines anderen in einer Situation, in der es überhaupt nicht um eine Beurteilung geht, kann man als eine auf externe Reize gerichtete Aufmerksamkeit betrachten.

3. Interne Reize

Es kommt auch vor, dass Menschen auf sich selbst achten, zum Beispiel auf bestimmte körperliche Phänomene („Mir ist warm“), ihre eigenen Emotionen („Ich habe Angst“) oder auf Gedanken, die sie sich über sich selbst machen („Ich bin nicht gut genug“). In diese Liste interner Reize reiht sich auch das Denken für andere ein („Sie finden mich langweilig“). Es kann durchaus sein, dass man unter einer erhöhten Selbstbespiegelung leidet, dass man „in seinem Kopf“ zu viel mit diesen inneren Reizen beschäftigt ist.

Bei einer guten sozialen Interaktion widmen Menschen etwa 80 Prozent ihrer Aufmerksamkeit dem Thema und die restlichen 20 Prozent externen und internen Reizen. Sie befassen sich also nur wenig damit, wie sie auf ihr Gegenüber wirken.

Wenn man zu viel für andere denkt, wird man feststellen, dass einem zuweilen der Inhalt des Gesprächs entgeht. Wie gesagt, das liegt daran, dass unser Kurzzeitgedächtnis begrenzt ist. Wir haben nun mal nicht mehr als 100 Prozent unserer Aufmerksamkeit zu verteilen. Wenn man stärker darauf achtet, was andere von einem denken könnten, kann man dem Thema, also dem Inhalt des Gesprächs, nicht mehr so viel Aufmerksamkeit widmen.

Möchten Sie sich darin üben, sich weniger mit dem zu befassen, was Ihnen „durch den Kopf geht", und mehr bei der Sache zu bleiben? Auf Seite 31 finden Sie die entsprechende Übung dazu.

Wilma ist damit zugange, ihren Gedanken „Wenn ich bei der Arbeit etwas Dummes sage, dann denkt mein Vorgesetzter, ich bin inkompetent und wird mich entlassen" zu korrigieren. Heute will Wilma Passanten auf der Straße befragen, um Informationen darüber zu sammeln, welche Ansichten andere zu diesem Thema tatsächlich haben. Sie notiert zunächst einige der Fragen, die sie ihnen stellen möchte:

1. Haben Sie schon einmal einen Kollegen etwas Dummes sagen hören?
2. Wenn ja, was haben Sie dann gedacht?
3. Dachten Sie, dass er für seine Position weniger geeignet sei?
4. Hatte das Konsequenzen für den Mitarbeiter?
5. Haben Sie schon einmal gehört, dass ein Mitarbeiter entlassen wurde, weil er etwas Dummes gesagt hat?

Es kostet Wilma einiges an Überwindung, tatsächlich auf die Straße zu gehen und die Passanten zu befragen. Sie bittet eine Freundin, sie zur Unterstützung zu begleiten. Sie begeben sich in die Nähe von Bürohochhäusern und befragen dort zwei Angestellte. Der erste sagt, er höre den lieben langen Tag Leute etwas Dummes sagen, das sage gar nichts über jemanden aus. Er arbeite seit dreißig Jahren in diesem Unternehmen und habe schon eine Menge Umstrukturierungen miterlebt. Es würden immer wieder mal Leute entlassen. In schlechten Zeiten geschehe das völlig willkürlich und auf Basis eines „sogenannten Sozialplans". In besseren Zeiten würden sie nur entlassen, wenn sie „das Spiel" nicht gut genug beherrschten, sagt er. Aber dass jemand entlassen worden wäre, weil er etwas Dummes gesagt hat? Nein, davon habe er noch nie etwas gehört.
Die zweite Person, die Wilma und ihre Freundin interviewen, ist eine Sekretärin. Sie sagt, sie habe schon häufiger Kollegen etwas sagen gehört, was sie für dumm hielt. Beispielsweise Fragen zum Computer oder zum Drucker. Wenn sie einen solchen „Kollegen in Not" sähe, habe sie vor allem Verständnis für ihn und wäre bemüht, ihm zu helfen. Sie sagt, für sie wäre vor allem wichtig, kollegial zu sein, schließlich arbeite

man als Team und es sei ganz normal, dass niemand alles wissen könne. Man ergänze sich halt. Sie berichtet auch, vor fünf Jahren sei eine Kollegin eingestellt worden, bei der sich drei Monate später herausstellte, dass sie im Vorstellungsgespräch geblufft hatte. Es habe sich gezeigt, dass sie sich mit Datenbanksoftware nicht auskannte und auch Word nicht gut beherrschte. Diese Kollegin war nach der Probezeit nicht übernommen worden. Ansonsten mache jeder doch manchmal einen Fehler, das sei nicht weiter schlimm. Auch ihre Chefin mache Fehler und müsse darüber oft selbst laut lachen.
Wilma notiert die Antworten. Als die Sekretärin sie am Ende des Gesprächs fragt, wofür das Interview gedacht sei, sagt ihr Wilma, dass sie gerne mehr darüber erfahren möchte, wie Menschen über Fehler am Arbeitsplatz und vor allem über dumme Äußerungen denken.

Was, wenn mich Leute tatsächlich ablehnen?

Abgelehnt zu werden, ist für niemanden angenehm. Doch die Entscheidung liegt bei Ihnen: Wie sehr möchten Sie sich damit beschäftigen, Ablehnung *vorzubeugen*? Im Allgemeinen kostet so etwas viel negative Energie, das Risiko, einen Fehler zu machen, steigt, und die Gespräche werden davon nicht angenehmer.

Statt sich vor Ablehnung zu fürchten, können Sie mit #Lsdwsw lernen, damit umzugehen. In neueren Studien zeigen Übungen, in denen man absichtlich etwas unternimmt, um auf Ablehnung zu stoßen, vielversprechende Ergebnisse.[3] Schon vor längerer Zeit hat Albert Ellis, einer der Begründer der kognitiven Verhaltenstherapie, solche Schamübungen beschrieben. Er forderte seine Klienten auf, mit einer Banane an der Leine herumzuspazieren, als würden sie mit ihrem Hund Gassi gehen.[4] Sie finden die Übungen auf Seite 89. Wenn Sie diese Übungen über längere Zeit machen, werden Sie von allein die Kraft gewinnen, nach Rückschlägen wieder aufzustehen. Erst das ist Selbstvertrauen.

Elin möchte ihre Angst vor Ablehnung in den Griff bekommen. Sie sieht nun ein, dass ihr die ständig wiederholte Überprüfung der Rechtschreibung ihrer E-Mails nur kurzfristig Erleichterung verschafft. Der Gedan-

ke, einen dummen Fehler zu begehen, versetzt sie immer wieder in Anspannung. Statt die Rechtschreibung übertrieben zu kontrollieren, schlägt sie einen anderen Kurs ein. Sie will sich nun in die Höhle des Löwen begeben: Sie möchte üben, absichtlich dumme Fehler zu begehen. Im Internet sucht sie nach einem Bekleidungsgeschäft und schreibt dann folgende E-Mail: „Hallihallo, ich suche ein paar Sokken, Größe 38, hellplau. Ferkaufen Sie die? Wass kosten die?“ Abschließend unterzeichnet sie die Mail mit ihrem Vor- und Nachnamen. Sie wiederholt diese Übung, indem sie auch anderen Läden E-Mails schreibt, in denen sie absichtlich „dumme“ Fehler begeht.
Nach fünf dieser E-Mails beginnt ihre Angst bereits abzunehmen, Elin macht diese Übung sogar ein wenig Spaß. Von einigen Geschäften erhält sie übrigens sehr freundliche und ernst gemeinte Antworten, andere antworten nicht. Sie weiß, dass sie diese Übung weiter variieren muss, um ihr Denken für andere in den Griff zu bekommen. So etwa zieht sie ihren Jogginganzug an, geht in ein schickes Restaurant und fragt dort, ob sie ein Gericht hätten, das weniger als drei Euro kostet. Anschließend geht sie in eine Drogerie und fragt, ob man dort Gurken kaufe könne. Nach und nach gewöhnt sie sich an die Ablehnung und erkennt, dass es gar nicht so schlimm ist, wenn andere etwas über einen denken. Sie fängt an, weniger für andere zu denken, ihr Selbstvertrauen wächst.

Einfühlungsvermögen ist nützlich

Wir Menschen können uns in andere einfühlen.[5, 6] In vielen Fällen ist es nützlich, darüber nachzudenken, was ein anderer von uns denken könnte. Wenn Sie einen Freund mit einem Geschenk überraschen möchten, ist es nützlich zu wissen, was ihm gefällt. Wenn Sie nicht entlassen werden wollen, kann es nützlich sein, zu wissen, was Ihr Chef von Ihrer Arbeit hält. Wenn es Ihrer Freundin nicht gut geht, brauchen Sie Einfühlungsvermögen, um ihr beizustehen. Wenn jemand Ihnen gegenüber böse Absichten verfolgt, ist es nützlich, das zu erkennen. In vielen Fällen ist es nützlich, von anderen zu erfahren, was sie von Ihrer Leistung halten: Ein Feedback dazu zu bekommen, was man gut gemacht hat und was man besser machen könnte, ist nicht verkehrt.

Für andere denken: die Nachteile

Der Schritt vom Einfühlungsvermögen zum Denken für andere ist schnell gemacht. Zu viel für andere zu denken, kann Ihnen Ihr Leben vermiesen. Vor allem, wenn Ihre Gedanken Sie ängstigen. Menschen, die davon betroffen sind, gehen gewissen Situationen oft aus dem Weg oder durchleiden sie angespannt und voller Angst. Es gelingt ihnen nie ganz, bestimmte soziale Situationen zu genießen, weil sie zu sehr damit beschäftigt sind, was andere über sie denken könnten. Und weil sie zu sehr darauf achten, was andere denken, geht ihnen hin und wieder auch der Gesprächsfaden verloren. Geschieht dies häufiger, kann das schon am Selbstvertrauen nagen. Sich Problemen zu stellen und für sich einzustehen, kann sich dann unter Umständen ziemlich schwierig gestalten.

Vincent kann sich gewöhnlich nur sehr wenig von dem merken, was andere bei einer Vorstellungsrunde sagen. Er denkt dabei ständig darüber nach, was er gleich selbst sagen wird. Nachdem er an der Reihe war, denkt er immer wieder daran, was er gesagt hat, was er zu sagen vergessen hat, oder was er nicht hätte sagen sollen.

Vincent wäre bei den Vorstellungsrunden gerne weniger angespannt. Sein erster Schritt besteht nun darin aufzulisten, welche Vor- und Nachteile es hat, während einer solchen Runde darüber nachzudenken, was er sagen wird. Als Vorteil notiert er zunächst, dass er besser auf seinen Redebeitrag vorbereitet ist und so besser an das zuvor Gesagte anknüpfen kann. Es beruhigt ihn, im Vorhinein zu wissen, was er sagen wird. Die Nachteile auf seiner Liste sind: Er kann sich nicht wirklich darauf konzentrieren, was die anderen sagen, er gerät immer mehr in Zweifel, steigert damit vielleicht seine eigene Anspannung und hat das Gefühl, wie auf Eiern zu laufen.

Schon beim Aufschreiben denkt Vincent, dass er versuchen möchte, seine Aufmerksamkeit bewusst darauf zu richten, was seine Kollegen sagen. Er möchte aufhören, im Vorfeld darüber nachzudenken, was er zu sich selbst sagen wird. Und wenn er sich vorgestellt hat, will er den Kopf frei haben und sich keine Sorgen über seine „Präsentationsleistung“ machen, sondern auch danach verfolgen, was die anderen sagen.

Denkfehler: Variationen des Denkens für andere

Denkfehler bestehen oft darin, *die Gefahr zu überschätzen.* Ein gutes Hilfsmittel auf dem Weg, das Denken für andere hinter sich zu lassen, ist die Beschreibung der häufigsten Denkfehler. Werfen Sie zunächst einen Blick auf die folgende Liste von Trugschlüssen (**Tabelle 2**). Markieren Sie anschließend die Denkfehler, die am ehesten auf Sie zutreffen. In dieser Beispielliste geht es darum, etwas Dummes zu sagen, doch Sie können auch jedes andere Verhalten einsetzen, bei dem Sie sich in übertriebener Weise fürchten, auf die Ablehnung anderer zu stoßen.

Wenn man sich selbst für schwach hält, ist die Gefahr größer, dass man sich darüber Sorgen macht, sich schlechter konzentrieren kann und des-

Tabelle 2

Denkfehler bestehen darin, das Risiko zu überschätzen:	
Wenn ich das Wort ergreife, …	dann werde ich etwas Dummes sagen.
Wenn ich etwas Dummes sage, …	dann merkt das mein Chef.
Wenn mein Chef das bemerkt, …	dann wird er das für dumm halten.
Wenn er das dumm findet, …	dann hält er meine gesamte Präsentation für misslungen.
Wenn er denkt, meine ganze Präsentation sei misslungen, …	dann hält er meine Fähigkeiten für unzureichend.
Wenn er meine Fähigkeiten für unzureichend hält, …	dann denkt er, dass ich für meinen Job ungeeignet bin.
Wenn er denkt, ich sei für meinen Job ungeeignet, …	dann werde ich entlassen.
Wenn ich entlassen werde, …	dann denkt mein Chef, dass ich als Person schwach bin.
Wenn mein Chef denkt, dass ich schwach bin, …	dann werden die Leute über mich lästern.
Wenn die Leute über mich lästern, …	dann halten mich alle für schwach.
Wenn alle denken, ich sei schwach, …	dann halte ich mich selbst für schwach.

halb etwas Dummes sagt. Damit verstrickt man sich abermals in einen Teufelskreis.

Was überschätzen Sie am meisten? Im Folgenden finden Sie eine Liste einiger kritischer Fragen, die Ihnen helfen kann, überschätzte Gefahren zu erkennen und zu korrigieren (**Tabelle 3**).

Sie sehen, dass sich Denkfehler kettenartig verstärken können und dass das Denken für andere auf unterschiedlichen Ebenen stattfinden

Tabelle 3

Kritische Fragen, die helfen können, überschätzte Gefahren zun erkennen und zu korrigieren:
Haben Sie schon einmal das Wort ergriffen, ohne etwas Dummes zu sagen? Wann war das?
Haben Sie schon einmal etwas Dummes gesagt, ohne dass die anderen es bemerkt haben? Wie kommt es, dass andere oft alles Mögliche gar nicht bemerken?
Haben Sie schon einmal bemerkt, dass Sie darüber, was dumm ist, mit anderen nicht einer Meinung waren? Dass es einfach davon abhängt, wie man die Dinge sieht?
Haben Sie schon einmal erlebt, dass jemand einen Aspekt einer Präsentation negativ beurteilt, sie aber insgesamt positiv bewertet?
Haben Sie schon einmal erlebt, dass ein Chef die Leistung eines Mitarbeiters bei einem bestimmten Projekt als unzureichend wahrnimmt, die Kompetenzen dieses Mitarbeiters insgesamt aber sehr wohl für ausreichend hält?
Haben Sie jemals von einem Chef gehört, der die Leistung seiner Mitarbeiterin oder seines Mitarbeiters für unzureichend hält und darauf anders als mit Ablehnung oder Entlassung reagiert?
Ist es möglich, dass ein Chef einen Mitarbeiter, den er persönlich schätzt, entlässt?
Gibt es Entlassungen ohne Klatsch und Tratsch?
Und wenn es Klatsch und Tratsch gibt: Wie weit geht das und wie groß ist der Schaden? Haben Sie dazu Informationen? Inwieweit haben sich letztendlich alle von dem Betroffenen abgewandt?
Angenommen, jeder würde Sie ablehnen: Gäbe es für Sie trotzdem Dinge, auf die Sie stolz wären?
Können Sie normale oder kluge Dinge sagen, wenn Sie sich selbst schwach finden?

kann. Zusammenfassend lässt sich sagen, dass wir uns in unserem Denken oft irren:

- Manchmal stimmen unsere Erwartungen nicht.
- Manchmal glauben wir, dass jemand etwas bemerkt hat, obwohl dies nicht der Fall ist.
- Manchmal denken wir, dass jemand die Person kritisiert, während es ihm um Kritik an der Sache geht.
- Wenn wir versuchen, die Gedanken anderer Menschen zu beeinflussen, sind wir oft sehr angespannt und nähren unsere eigenen Ängste.
- Manchmal denken wir, wir könnten Ablehnung nicht aushalten, obwohl wir das durchaus können. Oft sehen wir auch nicht gleich, dass eine Ablehnung langfristig positive Seiten hat.

Elin hat sich die Liste der Wenn-dann-Gedanken angesehen und eine solche Liste für sich selbst erstellt:

- Wenn ich im Großraumbüro sitze, dann zittern meine Hände.
- Wenn meine Hände zittern, dann sieht das mein Vorgesetzter.
- Wenn mein Vorgesetzter sieht, dass meine Hände zittern, dann findet er das nicht gut.
- Wenn mein Vorgesetzter es nicht gut findet, dass meine Hände zittern, dann wird er denken, ich mache meine Arbeit nicht gut.
- Wenn er denkt, dass ich meine Arbeit nicht gut mache, dann wird er denken, ich sei für diese Position ungeeignet.
- Wenn er denkt, ich sei für diese Position ungeeignet, dann hält er mich für dumm.
- Wenn er mich für dumm hält, dann wird er mich entlassen.
- Wenn ich entlassen werde, dann wird mich jeder für dumm halten.
- Wenn alle mich für dumm halten, dann halte ich mich selbst auch für dumm.

Elin sieht sich anschließend all diese Trugschlüsse an und lässt sie auf sich wirken. Sie glaubt, dass ihr Fehler vor allem darin liegt, dass sie in ihrem Denken in die folgenden Fallen getappt ist:

1. Wenn meine Hände zittern, dann sieht mein Vorgesetzter das. Ihr Vorgesetzter hat schließlich auch anderes zu tun, als ihr auf die Finger zu schauen.

2. Wenn mein Vorgesetzter sieht, dass meine Hände zittern, dann findet er das nicht gut. Bisher hat niemand an ihren zitternden Händen Anstoß genommen. Außerdem hat sie einen Kollegen, dessen Hände seit Jahren zittern und der noch immer zur allgemeinen Zufriedenheit in derselben Firma arbeitet.

Elin wird sich auch bewusst, dass viele ihrer anderen Wenn-dann-Denkfehler nicht auf Tatsachen beruhen, sondern sich nur in ihrem Kopf abspielen. Sie hat noch nie gehört, dass jemand etwas Negatives über das Zittern gesagt hat, und schon gar nicht, dass jemand wegen seines Zitterns entlassen worden wäre.

Denkfehler: „Andere sind besser"
Trugschlüsse im Bereich des Denkens für andere können auch folgende Form annehmen: „Andere sind besser als ich, also bin ich inkompetent." Auch das lässt sich kritisch hinterfragen: Stimmt es, dass andere besser sind? In welchen Bereichen sind sie besser? Gibt es andere Bereiche, in denen ich besser bin? Und wenn es stimmt, dass sie auf einem bestimmten Gebiet besser sind als ich, bedeutet das, dass mein eigener Beitrag wertlos ist? Kann ich meine eigenen Leistungen selbst beurteilen, ohne sie zu vergleichen?

Irgendwann vor zwei Jahren ist Vincent Mitglied in einem Fitnessstudio geworden. Doch er ist nur zweimal hingegangen, weil er sich für sein sportliches Leistungsniveau schämte. Der Trainer stellte nämlich die Geräte, an denen er trainierte, auf den niedrigsten Schwierigkeitsgrad ein. Vincent sah, dass bei anderen Männern die Geräte auf einen viel höheren Schwierigkeitsgrad eingestellt waren. Die anderen sahen sehr muskulös aus und wussten genau, wie man mit den Geräten umgehen musste, während sich Vincent ziemlich ungeschickt vorkam. Er hielt sich selbst für einen Schlaffi.
Vincent stellte sich die folgenden Fragen:

Stimmt es, dass andere besser sind?
Bei näherem Hinsehen gab es auch ein oder zwei andere Mitglieder, die die Geräte erst austesteten, und drei mit starkem Übergewicht, die sich

nur mühsam bewegen konnten. Vincent weiß, dass sehr viele Menschen noch nie in einem Fitnessstudio waren oder ein Sportgerät ausprobiert haben.

In welchen Bereichen sind sie besser?

Auch wenn andere Besucher des Fitnessstudios zu dieser Zeit besser mit diesen Geräten umgehen können, bezieht sich der Vergleich doch allein darauf.

Gibt es andere Dinge, in denen ich besser bin?

Das weiß Vincent nicht, denn er weiß nicht, was andere Mitglieder des Fitnessclubs in anderen Bereichen leisten, wie es zum Beispiel um ihr Wissen über Griechenland bestellt ist (worüber Vincent sehr viel weiß) oder über Regierungsgesetze, die öffentliche Verwaltung und Jazz. Vincent weiß, dass er in diesen Bereichen ziemlich gut ist.

Wenn sie in bestimmten Bereichen tatsächlich besser sind, bedeutet das dann, dass meine Leistung wertlos ist?

Vincent ist sich bewusst, dass er damals gerade erst mit dem Training im Fitnessstudio angefangen hat, und natürlich ist man dann noch nicht so gut im Training. Doch gerade, wenn man noch nicht so gut ist, ist es wertvoll zu trainieren. Denn nur so lernt man. Und schließlich muss nicht jeder einen Sixpack haben.

Kann ich meine eigenen Leistungen beurteilen, ohne sie zu vergleichen?

Vincent findet das schwierig, aber er möchte in der kommenden Zeit daran arbeiten, indem er sich auf seine eigenen Fortschritte konzentriert. Er möchte sich wieder in einem Fitnessstudio anmelden und dann in einem Notizbuch aufschreiben, wie viel und wann er bestimmte Übungen mit welchem Schwierigkeitsgrad trainiert hat und wie viel Mühe ihn das gekostet hat. So kann er seine persönlichen Leistungen im Blick behalten, ohne sich zu sehr mit anderen zu vergleichen.

Andere Denkfehler

Es gibt noch andere Arten von Denkfehlern:

Gefühlsdenken: Sie empfinden Angst und schließen daraus, dass eine Gefahr droht. Oder Sie sind nervös und denken, dass das jeder bemerkt.

Schwarz-Weiß-Denken: Sie denken, etwas sei vollkommen richtig oder vollkommen falsch. Oder dass etwas immer oder nie gut geht. Sie denken zum Beispiel, dass Menschen entweder sozial oder unsozial sind und dass es gute und schlechte Präsentationen gibt. Achten Sie auf Worte wie „vollkommen", „nie", „immer", „nirgends", „überall" usw.

Generalisieren: Aufgrund einer einzigen Erfahrung ziehen Sie weitgehende Schlüsse. „Ich habe etwas nicht richtig gemacht, also mache ich nie etwas richtig." Oder: „Ich habe bei der Arbeit einen Fehler gemacht, also bin ich inkompetent."

Das heilige Müssen: Wenn Sie diesen Denkfehler machen, verwenden Sie oft das Wort „müssen". „Ich muss zu dieser Party gehen", „ich muss diesen Bericht fertigstellen", „ich muss Lebensmittel einkaufen". Ersetzen Sie „müssen" einmal durch „wollen"!

Katastrophendenken: Wenn Sie diesen Denkfehler machen, denken Sie, sobald nur eine Kleinigkeit misslingt, gleich, dass alles schiefgehen wird. Zum Beispiel: „Wegen meines Fehlers wird das Projekt scheitern."

Bagatellisieren: Das passiert, wenn Sie Ihren positiven Beitrag kleinreden. Sie denken, dass Ihre Leistung nicht besonders ins Gewicht fällt.

Auf sich selbst beziehen: Bei diesem Denkfehler beziehen Sie die Dinge, die schiefgehen, auf sich und geben sich selbst die Schuld dafür. Sie beobachten zum Beispiel, wie ein Freund eine Party verlässt, und denken, es läge daran, dass Sie sich nicht mit ihm unterhalten haben.

Wenn-dann-Gedanken

Das Denken für andere kann viele Formen annehmen. Ich lasse hier nun eine ganze Reihe von Spielarten des Wenn- und des Dann-Teils dieses Denkens Revue passieren.

Wenn ich:

- erröte;
- zittere;
- schwitze;
- angespannt oder müde aussehe;
- außer Atem bin;
- mich schwindelig fühle und nicht ganz gerade gehe;
- einen trockenen Mund habe;
- schweigsam bin;
- stottere;
- nicht weiß, was ich sagen soll;
- etwas sage, das nicht stimmt;
- etwas fallen lasse;
- jemanden störe;
- jemanden kritisiere;
- kritisiert werde;
- atemlos spreche;
- mein Gesicht zeige;
- Make-up trage;
- kein Make-up trage;
- leise spreche;
- laut spreche;
- singe;
- einen Fehler mache;
- etwas Dummes sage;
- den Namen meines Gesprächspartners nicht weiß;
- schlechte Leistungen bringe;
- einen Fehler im Straßenverkehr mache;
- etwas von #Lsdwsw erzähle;
- im Zentrum der Aufmerksamkeit stehe;
- sehe, dass Leute mich in den Blick nehmen;
- etwas tue, was ich nicht kann,

... dann:

- halten sie mich für uninteressant;
- halten sie mich für stumpfsinnig;
- halten sie mich für inkompetent;
- halten sie mich für dumm;
- halten sie mich für schwach;
- halten sie mich für seltsam;
- halten sie mich für verrückt;
- halten sie mich für hässlich;
- halten sie mich für arrogant;
- halten sie mich für eine Niete;
- finden sie mich langweilig;
- nehmen sie mich nicht ernst;
- lachen sie mich aus;
- lästern sie über mich;
- mögen sie mich nicht;
- gehen sie mir aus dem Weg;
- werde ich entlassen;
- lehnen sie mich ab;
- verdiene ich Ablehnung;
- kommt es zu einem Konflikt;
- mache ich mich lächerlich.

Übung 2.2 Was sind Ihre Wenn-dann-Gedanken?

Meine Wenn-dann-Gedanken:	
Wenn ...	dann ...
Wenn ...	dann ...
Wenn ...	dann ...
Wenn ...	dann ...

Wilma hat bereits einige Wenn-dann-Gedanken notiert, bittet nun aber ihre Schwester, ihr dabei zu helfen. Ihre Schwester denkt erst ein paar Tage darüber nach und nennt dann folgende Wenn-dann-Gedanken:
„Wenn ich zu spät zur Party komme, dann denken die anderen, dass sie mir nichts bedeuten und beenden die Freundschaft."
„Wenn ich einen Fleck auf meiner Hose habe, dann gehe ich besser nach Hause, sonst halten sie mich für ungepflegt."
„Wenn ich jemandem einen schlechten Rat gebe, dann ist das schrecklich, weil ich ihn damit reingeritten habe."
„Wenn ich meinen Ermäßigungsgutschein für die Urlaubsmesse nicht einsetze, halten mich meine Freundinnen für dumm."
Wilma muss vor allem über den letzten Wenn-dann-Gedanken lachen. Den hält sie für nicht ganz korrekt. Es gab zwar schon einmal eine solche Situation, aber Wilma findet, das gehe doch zu weit.
Wie dem auch sei, die anderen Wenn-dann-Gedanken nimmt sie jedenfalls dankbar an und fügt sie ihrer eigenen Liste hinzu. Nun ist sie gut dafür gerüstet, ihre Wenn-dann-Gedanken zu korrigieren.

Stimmt denn, was ich denke?

In meiner Arbeit als Psychologe, aber auch sonst in meinem Leben habe ich bemerkt, wie oft wir mit unseren Gedanken danebenliegen. Gemeinsam mit meinen Klienten, die unter dem Denken für andere leiden, habe ich seit einigen Jahren Daten über ihre Gedanken gesammelt: zum Beispiel, indem ich mit ihnen auf die Straße gegangen bin, um diese Gedanken einer Prüfung zu unterziehen. Wie reagieren Menschen, wenn man unsicher ist, wenn man zittert, schwitzt oder nicht die richtigen Worte findet? Was halten die Leute von jemandem, der rot wird oder etwas Dummes sagt oder tut? Wie schlimm ist es tatsächlich, auf Ablehnung zu stoßen? Lässt sich das aushalten? Wahrscheinlich ist auch Ihnen schon aufgefallen, dass Sie sich manchmal irren. Sie hatten einen Gedanken, aber bei genauerem Hinsehen stellte sich heraus, dass Sie falsch lagen. Sie waren sicher, es würde regnen, aber es blieb trocken. Oder Sie dachten, Sie würden ein Spiel gewinnen, haben es aber verloren. Oder Sie dachten, Ihre Frau hätte den Autoschlüssel, doch dann fiel er Ihnen in der Garage aus der Tasche. Sie dachten, Ihr Onkel könnte Sie nicht leiden, doch dann stellte sich heraus, dass er Sie mag.

Oft entsprechen unsere Gedanken nicht ganz der Realität. Man bekommt nicht alles mit, erinnert sich nur so ungefähr oder zieht einfach die falschen Schlüsse. Diese falschen Gedanken können Sie unter die Lupe nehmen.

Bei Wenn-dann-Gedanken geht es um Ursache und Wirkung: „Wenn ich zittere, dann halten mich die Leute für dumm." Dabei kann es sich auch um ganz andere Dinge drehen: „Wenn ich über den Flevopolder nach Stavoren[7] fahre, dann bin ich schneller." Beide Gedanken lassen sich überprüfen, indem man irgendetwas an seinem gewöhnlichen Handeln ändert und die Auswirkungen vergleicht. Beim nächsten Mal fahren Sie beispielsweise über den Afsluitdijk nach Stavoren und schauen dann, welche Strecke die schnellere war. Auf dieser Basis lässt sich dann definitiv sagen: Mein Gedanke ist richtig oder er ist falsch.

Dasselbe können Sie mit Ihrem Denken für andere tun. Sie können auch Fakten zu Ihrem eigenen Denken sammeln. Nehmen Sie zum Beispiel den Gedanken „Wenn ich einen dummen Fehler mache, dann nimmt man mich nicht mehr ernst." Ob das stimmt, kann man nur herausfinden, wenn man absichtlich dumme Fehler macht. Erst dann zeigt sich, ob man Sie nicht mehr ernst nimmt.

Bei einer solchen Überprüfung tun Sie also absichtlich etwas, was Sie sonst vermeiden. Sie schauen sich genau an, wie Ihre Umwelt reagiert: Stimmt es denn, was Sie denken?

Wilma möchte untersuchen, ob ihr Gedanke „Wenn mich Leute hässlich finden, dann werden sie mich nicht ernst nehmen" richtig ist. Heute Abend will sie zu einem Vortrag über Urlaub am Nordkap gehen. Statt

sich wie sonst schön zurechtzumachen, greift sie zu ihrem Lidschatten und malt sich hässliche Streifen aufs Gesicht. So macht sie sich auf den Weg. Im Vorfeld ist sie ziemlich angespannt, fast ängstlich. Auf der Straße verstärken sich ihre Ängste noch, aber nach einigen Minuten und nachdem etwa zwanzig Leute an ihr vorbeigegangen sind, lässt die Anspannung wieder nach. In manchen neuen Situationen, etwa beim Einsteigen in den Bus oder beim Betreten des Gebäudes, in dem der Vortrag stattfindet, steigt ihre Anspannung wieder an. Und auch die Überzeugung „Wenn Leute mich hässlich finden, dann werden sie mich nicht ernst nehmen“. Doch schon bald lässt sie wieder nach.
Wilma achtet sehr darauf, ihrer Tendenz, ihr Gesicht mit den hässlichen Streifen zu verstecken, strikt entgegenzuwirken: Sie zeigt den Leuten offen ihr Gesicht und schaut ihnen direkt in die Augen. Sie sucht sich einen Platz im Raum, an dem sie möglichst viele sehen können, und sie stellt einige Fragen, wofür sie extra aufsteht. In der Pause knüpft sie ein Gespräch mit jemandem an und hält diese Person möglichst lange im Gespräch – letztlich die ganze Pause.
Während der zweiten Hälfte des Vortrags stellt sie eine weitere Frage. Schließlich spürt sie, dass sie von ihrem Wenn-dann-Gedanken nicht mehr überzeugt ist. Sie glaubt nicht mehr, dass andere sie nicht ernst nehmen, wenn sie sie hässlich finden. Sie begibt sich auf den Heimweg und stellt fest, dass sie unterwegs so viel über das Nordkap nachgedacht hat, dass sie darüber fast nicht mehr daran gedacht hat, was andere von ihr denken könnten.

Von der Vermeidung zur Exposition

Man kann Ablehnung an sich durchaus aus dem Weg gehen. Wenn man sich auf eine interessante Stelle bewirbt, ist es sinnvoll, sich darauf vorzubereiten und sich im Bewerbungsgespräch gut darzustellen. Natürlich zeigt man sich dabei von seiner Schokoladenseite. Aber aufgepasst: Wenn das Vermeiden von Ablehnung auf Denkfehlern beruht, schränkt man sich selbst unnötig ein.

In der **Tabelle 4** können Sie sehen, dass Vermeiden Ihnen kurzfristig Vorteile (und keine kurzfristigen Nachteile) bringt, dies aber dazu führen kann, immer mehr zu vermeiden. Denn Ihr Gedächtnis speichert: Vermeidungsverhalten ist „positiv". So lernen Sie, dass Vermeiden etwas Gutes ist. Langfristig hat das zur Folge, dass Sie sich immer weniger trauen und Ihr Selbstvertrauen schwindet. Die Konsequenzen einer solchen Vermeidungsstrategie sind zunächst gering, können langfristig allerdings katastrophale Ausmaße annehmen. Diese Konsequenzen sind alles in allem viel gravierender als die Angst, die Sie durchstehen müssten, wenn Sie der Situation nicht ausweichen würden.

Wenn Sie zum Beispiel die Bühne verlassen, weil Sie den Text vergessen haben, oder wenn Sie zur Toilette gehen, weil ein Gespräch unangenehm verläuft, fühlen Sie sich in der Regel zunächst erleichtert ... Aber ... Sie haben damit nichts gewonnen, denn Sie haben nichts Gutes daraus gelernt: Das nächste Mal, wenn Sie etwas vortragen müssen, werden Sie wieder Angst haben, und Sie werden das nächste unangenehme Gespräch wieder abbrechen. So funktioniert Vermeidungsverhalten. Statt die Erfahrung zu machen, wie es wirklich ist, in dieser Situation zu bleiben, bestätigt Sie Ihr Weglaufen immer mehr darin, dass Ihnen Gefahr droht. Durch das Vermeiden berauben Sie sich selbst der Möglichkeit, etwas zu lernen und Ihr Denken für andere in den Griff zu bekommen.

Exposition ist das Gegenteil von Vermeidung. Exposition bedeutet: sich selbst genau dem aussetzen, was man aus Furcht vermeidet. Für die Bändigung der meisten Ängste ist die Exposition die Methode erster Wahl. Wenn Sie sich exponieren, werden Sie sich im ersten Moment zwar schlechter, auf lange Sicht aber gerade besser fühlen. Denn Sie werden immer wieder Erfahrungen machen, die sich in Ihr Gedächtnis eingraben. Auf diese Weise entwickeln Sie eine neue Form von Erwartung.

Nicht mehr die Erwartung, abgelehnt zu werden, sondern eine realistischere Erwartung, die mehr dazu beiträgt, Ihre Angst zu bändigen und Ihnen ermöglicht, die Dinge zu tun, die Sie tun möchten.

Wie Sie in der **Tabelle 5** sehen können: Sich genau dem auszusetzen, was man vermeidet, führt kurzfristig zu Unannehmlichkeiten, stärkt aber langfristig das Selbstvertrauen. Sich mit diesen Dingen zu konfrontieren, statt sie zu vermeiden, fühlt sich anfangs sehr beklemmend an. Doch Übung macht den Meister. Irgendwann wird das schlechte Gefühl bei diesen Übungen nachlassen oder als weniger belastend empfunden.

Wenn Sie Expositionsübungen durchführen, werden Sie bemerken, dass Sie sich mit der Zeit weniger darum kümmern, was andere von Ihnen denken könnten. In der **Tabelle 6** lasse ich eine ganze Palette von Möglichkeiten der Selbstkonfrontation Revue passieren. Zunächst gehe ich auf Beispiele ein, in denen es um andere Ängste geht als jenen, die mit dem Denken für andere zu tun haben. Ich gehe so vor, weil es oft einfacher ist, sich in die Wenn-dann-Gedanken anderer (und die Ablösung davon) einzufühlen als in die eigenen Gedanken. Erst danach machen Sie sich selbst daran, die Expositionsübungen auf Ihre eigenen Wenn-dann-Gedanken maßzuschneidern (**Tabelle 7**).

In Tabelle 6 sehen Sie beispielsweise: Jemand mit Höhenangst meidet die Höhe. Indem er oder sie bewusst die Höhe sucht, dringen kurzfristig alle unangenehmen Gedanken und Gefühle an die Oberfläche. Wenn diese Person allerdings lange und oft genug die Höhe sucht, gewöhnt sie sich daran. Außerdem bekommt sie so die Möglichkeit, zu erfahren, was wirklich hoch oben auf dem Turm passiert, wenn ihr schwindlig wird.

Aber nun zurück zum Denken für andere. Es gibt nicht wenige Menschen, die von sich behaupten, dass sie nichts vermeiden, in gewissen Situationen aber dennoch angespannt sind und sich Sorgen machen, was andere über sie denken könnten. Meistens ist hier „subtiles Vermeiden" im Spiel. Vermeidungsverhalten kann sehr offenkundig sein, aber aufgepasst: In manchen Fällen ist es eben auch sehr subtil. Man geht dann zwar zu einem Meeting, verhält sich aber unauffällig. Oder nimmt nur wenig Blickkontakt auf. Es gibt auch Menschen, die versuchen, ständig im Mittelpunkt der Aufmerksamkeit stehen, um ja sicherzugehen, dass sie niemand langweilig findet. Oder um anhaltendes Schweigen gar nicht erst aufkommen zu lassen. Auch das ist subtiles Vermeidungsverhalten.

Tabelle 4

Kurzfristige Vorteile und langfristige Nachteile von Vermeidungsverhalten:

Vermeidung: Wenn ...	Kurzfristige Vorteile: dann ...	Langfristige Nachteile: dann ...
- ich in übertriebenem Maß versuche, Fehler zu vermeiden; - ich eine Einladung absage; - ich mein Erröten, Zittern oder Schwitzen verberge; - ich unaufhörlich überprüfe, ob ich gut aussehe; - ich das Gespräch durch Tricks am Laufen halte; - ich Ausreden benutze; - ich informelle Situationen vermeide; - ich auf Partys mit aller Macht Gespräche vermeide; - ich rauchen muss, um mich entspannen zu können; - und so weiter.	- fühle ich mich ein wenig besser; - fühle ich mich erleichtert; - werde ich nicht sofort kritisiert; - kann es sogar richtig angenehm sein; - und so weiter.	- habe ich immer das Gefühl, wie auf Eiern zu gehen; - beraube ich mich selbst der Möglichkeit, Kompetenzen zu erwerben; - kann ich meine Gedanken nicht mit der Realität vergleichen; - habe ich weiterhin Angst, Fehler zu machen; - fühle ich mich immer wieder angespannt; - habe ich weniger Spaß und weniger Selbstvertrauen; - werde ich perfektionistischer und sehe ich mich immer wieder als Verlierer; - ist die Kommunikation mit anderen nicht transparent, was zu Fehlern und Missverständnissen führt; - werden Fehler und Probleme unzureichend behoben, was zu noch größeren Problemen führen kann; - werden mir die Leute öfter aus dem Weg gehen, sprechen das aber nicht an; - weiß ich immer weniger, wer ich bin und was ich mit meinem Leben anfangen will; - und so weiter.

Tabelle 5

Kurzfristige Nachteile und langfristige Vorteile der Exposition

Wenn ich absichtlich ...	Kurzfristige Nachteile: dann ...	Langfristige Vorteile: dann ...
- einen Fehler mache; - erröte oder mein Gesicht rot schminke; - zittere; - Schweißflecken provoziere; - ein angespanntes Gesicht aufsetze; - ein Schweigen einlege; - keinen Alkohol trinke oder keine Zigarette rauche; - und so weiter.	- fühle ich mich schlecht; - werde ich kritisiert; - und so weiter.	- lerne ich, mit Fehlern umzugehen; - kann ich sehen, ob die Leute weniger ablehnend reagieren, als ich erwartet habe; - kann ich sehen, ob ich wirklich mit Ablehnung umgehen kann; - bekomme ich mehr Selbstvertrauen; - werde ich aktiver, sozialer und entspannter; - habe ich mehr Freude; - finde ich heraus, was ich gern will, und verwirkliche mehr davon; - wird mein Denken darüber, was andere denken, realistischer; - weiß ich besser, was ich gut kann und wo meine Schwachpunkte liegen; - kommuniziere ich besser, weil ich Probleme anspreche und so gleich auflöse; - und so weiter.

Tabelle 6

Expositionsbeispiele für andere Ängste als das Denken für andere:

Art der Angst	Wenn ich ...	dann ...	Expositionsübung
Höhenangst	auf ein hohes Gebäude steige	werde ich ohnmächtig und stürze in die Tiefe	auf hohe Gebäude steigen
Angst vor Hunden	einen Hund streichle	werde ich gebissen	Hunde streicheln
Angst vor dem Zahnarzt	mich einer Zahnbehandlung unterziehe	ersticke ich	sich einer Zahnbehandlung unterziehen; aushalten, dass jemand etwas in meinem Mund macht
Angst vor Ansteckung	eine Türklinke anfasse	infiziere ich mich	Türklinken anfassen
Angst vor Einbrechern	nicht überprüfe, ob abgeschlossen ist	wird eingebrochen	das Schloss nicht überprüfen
Angst vor Kontrollverlust	auf der Autobahn fahre	reiße ich vielleicht plötzlich das Steuer herum und verursache einen schrecklichen Unfall	auf der Autobahn fahren
Angst vor einem Herzinfarkt	Herzklopfen bekomme	erleide ich einen Herzinfarkt	körperliche Anstrengung mit Herzklopfen
Angst davor, ohnmächtig zu werden	schwindelig werde	falle ich in Ohnmacht	Schwindel provozieren, indem ich den Atem anhalte

Überlegen Sie selbst einmal, ob Sie etwas vielleicht subtil vermeiden.

Denken Sie zum Beispiel an:
- Ihren Haarschnitt / Bart / Schnurrbart;
- Ihr Make-up;
- Ihre Kleidung;
- Ihre Wortwahl.

Oder untersuchen Sie, ob Sie:
- nur etwas tun, wenn eine vertrauenswürdige Person in der Nähe ist;
- Menschen nicht oder nur kurz anschauen;
- Menschen, die Sie attraktiv finden, aus dem Weg gehen;
- Menschen, die über Ihnen stehen, aus dem Weg gehen;
- Menschen, die Sie nicht kennen, aus dem Weg gehen;
- die Initiative ergreifen, oder das gerade vermeiden;
- nicht den Mut haben, sich verrückt zu verhalten;
- es nicht wagen, Fragen zu stellen;
- eine Flasche Wasser für den Fall mitnehmen, dass Sie eine trockene Kehle bekommen;
- sich übertrieben oft entschuldigen;
- übertrieben höflich sind;
- sich übertrieben oft im Spiegel kontrollieren;
- bei einer Party übertrieben hilfsbereit sind;
- vermeiden, in der Nähe zu anderen zu essen oder zu trinken;
- schnell oder viel trinken oder essen;
- keine Suppe oder keinen Kaffee nehmen oder keine Orange schälen, weil Sie sich damit bekleckern könnten;
- Alkohol oder Beruhigungsmittel konsumieren;
- sich in übertriebenem Maß vorbereiten;
- sich zwanghaft waschen und zu viel Deodorant verwenden;
- versuchen, Ihren Gesichtsausdruck zu kontrollieren, damit Sie nicht nervös wirken;
- sich nicht trauen zu improvisieren;
- sich in Gedanken ständig darauf vorbereiten, was Sie tun und sagen werden;
- nicht zeigen, wenn Sie etwas nicht verstehen;
- und so weiter.

Tabelle 7

Expositionsübungen zum Denken für andere:

Art des Denkfehlers	Wenn …	dann …	Expositionsübung
Denken für andere	ich eine ungewöhnliche Meinung vertrete	finden sie mich seltsam	ungewöhnliche Meinung äußern
	ich etwas Dummes sage	halten sie mich für dumm	dumme Dinge sagen
	ich mich ungeschickt verhalte	halten sie mich für einen Idioten	ungeschicktes Verhalten an den Tag legen
	Menschen sehen, wie ich zittere, während ich schreibe	denken sie, dass ich ein Nervenbündel bin	zeigen, wie sehr die Hände beim Schreiben zittern
	ich aufstoßen muss	finden sie mich widerlich	vernehmbar aufstoßen
	ich ein Schweigen entstehen lasse	halten sie mich für langweilig	ein Schweigen entstehen lassen
	ich viel rede	halten sie mich für arrogant	viel reden
	ich eine dumme Frage stelle	lehnen sie mich ab	dumme Fragen stellen
	ich kein Make-up aufgelegt habe	finden sie mich hässlich und unprofessionell	kein Make-up auftragen
	ich erröte	nehmen sie mich nicht ernst	erröten oder mit knallrotem Lippenstift das Gesicht rot anmalen, als würden Sie erröten
	mich andere hören können, wenn ich auf der Toilette sitze	finden sie mich ekelhaft	absichtlich auf der Toilette Geräusche machen

Tabelle 7 *Fortsetzung*

Art des Denkfehlers	Wenn ...	dann ...	Expositionsübung
	ich Schweißflecken habe	finden sie mich ekelhaft	deutlich sichtbare Schweißflecken aus Wasser produzieren
	ich schmatze oder beim Essen Geräusche mache	ekeln sie sich vor mir	bei Essen in Gesellschaft schmatzen und Geräusche machen
	ich angespannt oder müde aussehe	halten sie mich für schwach	ein angespanntes oder müdes Gesicht machen
	ich nicht die richtigen Worte finde	finden sie mich seltsam	so tun, als ob man nicht die richtigen Worte findet
	ich etwas fallen lasse	halten sie mich für unprofessionell	unter den Augen anderer Dinge fallen lassen
	ich kritisiert werde	kann ich das nicht aushalten	Dinge tun, die Kritik hervorrufen
	ich jemanden kritisiere	werde ich nicht ernst genommen	jemanden kritisieren
	ich außer Atem bin	finden sie mich seltsam	außer Atem geraten, indem man die Treppe rauf und runter rennt
	ich singe	lachen sie mich aus	vor Publikum singen
	ich laut rede	werden sie über mich lästern	laut reden
	ich etwas Seltsames tue und alle auf mich schauen	werden sie mich seltsam finden	etwas Seltsames tun, während andere zusehen
	ich abgelehnt werde	kann ich das nicht ertragen	mit Expositionsübungen an der Ablehnung arbeiten

Lassen Sie mich noch eine weitere Bemerkung zum Denken für andere hinzufügen: Wenn-dann-Gedanken, die uns unnötig ängstigen, prägen sich oft stark in unser Gedächtnis ein. Der Trick besteht darin, einen neuen Gedanken für dasselbe „Wenn" zu entwickeln. Wenn Ihr alter Gedanke beispielsweise besagte: „Wenn ich nicht die richtigen Worte finde, dann wirke ich inkompetent", dann suchen Sie am besten nach einem neuen Gedanken wie etwa: „Wenn ich nicht die richtigen Worte finde, dann ist das unangenehm, aber ich kann damit umgehen." Ein solcher hilfreicher Gedanke muss zunächst mit viel Erfahrung gespeist werden, um ein Gegengewicht zu Ihrem alten, im Gedächtnis verankerten Gedanken darzustellen. Daher der Rat: Üben Sie viel, indem Sie sich dem „Wenn"-Teil Ihres Denkens aussetzen. Bei diesem Gedanken bedeutet das: Begeben Sie sich in viele Situationen, in denen Sie absichtlich nicht die richtigen Worte finden. Mit #Lsdwsw lernen Sie, neue Erwartungen mit dem „Wenn" zu verknüpfen.

Übung 2.3 Was vermeiden Sie?

Meine Wenn-dann- Gedanken	
Wenn ...	dann ...
Wenn ...	dann ...
Wenn ...	dann ...
Wenn ...	dann ...

Tragen Sie dann unten ein, was Sie vermeiden, und unter „Expositionsübungen" das genaue Gegenteil davon.

Mein Vermeidungsverhalten:	Meine Expositionsübungen:
Zum Beispiel: Ich ergreife nicht als Erster das Wort	Ich ergreife als Erster das Wort
Ich sage nur etwas, wenn ich mir dessen sicher bin.	Ich rede einfach drauflos oder sage absichtlich etwas Dummes.

Das Gehirn: Die Angst kommt automatisch, bändigen lässt sie sich nur manuell

Das Wissen darüber, wie unser Gehirn funktioniert, nimmt stetig zu. Wir wissen, dass Angst mit einer erhöhten Aktivität der Amygdala (eines Teilbereichs des Gehirns) in Zusammenhang steht.[8] Diese Hirnregion arbeitet automatisch, wir haben keinen direkten Einfluss auf sie. Zudem kann sich Angst von einer sozialen Situation auf eine andere übertragen. Anfangs graut Ihnen beispielsweise nur vor einem Umtrunk mit Arbeitskollegen, später vermeiden Sie auch ein Essen mit Freunden.

Angst zu bändigen, ist hingegen etwas, das man sehr bewusst tut. Man nutzt dazu ein ganz anderes Hirnareal: den präfrontalen Kortex, der auch Präfrontallappen genannt wird. Diesen präfrontalen Kortex verwenden wir, wenn wir uns exponieren: Die Amygdala sorgt dafür, dass Sie Angst verspüren, doch Ihr präfrontaler Kortex weiß es besser; daher begeben Sie sich dennoch in Situationen, die Sie für gewöhnlich vermieden haben.[9] Ihr Präfrontallappen ist in der Lage, Ihre Amygdala zu zügeln. Leider wirkt das oft nur für *eine* bestimmte Situation. Daher der Rat: Machen Sie in möglichst vielen unterschiedlichen Situationen Expositionsübungen und üben Sie auch, wenn Sie dabei Angst verspüren. Erst dann bekommen Sie das Denken für andere fest in den Griff.

Hier folgt eine kleine #Lsdwsw-Checkliste:

- ☐ Ich habe meine Ziele zu Papier gebracht.
- ☐ Ich habe meine Wenn-dann-Gedanken notiert.
- ☐ Ich habe alle meine (subtilen) Vermeidungshandlungen aufgeschrieben.
- ☐ Ich verstehe, dass ich, um das Denken für andere zu bändigen, genau das tun muss, was ich vermeide, und genau beobachten muss, was dabei mit mir und anderen passiert.
- ☐ Ich weiß, was mir helfen kann, mich von meinem Denken für andere zu befreien: Ich übe, unperfekte oder sogar schlechte Leistungen zu zeigen, während andere zusehen und zuhören.
- ☐ Mir ist klar, dass ich mich bei diesen Expositionsübungen kurzfristig schlechter fühle, dass es mir letztlich damit aber besser gehen wird.
- ☐ Ich weiß, was ich langfristig erreichen will, wenn ich nicht mehr für andere denke.

- ☐ Ich habe mir jemanden gesucht, der mir hilft.
- ☐ Ich bin bereit, meine Leistung zu evaluieren, indem ich auf mein eigenes wahrnehmbares Verhalten schaue statt auf meine Gefühle.
- ☐ Ich rate nicht mehr, was andere denken, sondern überprüfe es.

Konnten Sie alles abhaken? Dann sind Sie bereit, Expositionsübungen praktisch durchzuführen: Dazu kann ich Sie nur beglückwünschen!

Vincent möchte seine Vermeidungshandlungen auflisten. Er schreibt in sein Übungsheft:

- Deodorant verwenden;
- Aftershave oder Parfüm versprühen;
- keine scharfen Speisen essen;
- mich im Laufe des Tages noch einmal umziehen;
- die Farbe der Hemden so wählen, dass Schweißflecken möglichst wenig zu sehen sind;
- ein Jackett anziehen, um Schweißflecken zu verbergen;
- die Arme verschränken, um Schweißflecken zu verbergen;
- eine Haltung annehmen, in der die Achselhöhlen möglichst wenig sichtbar sind;
- mich im Saal ganz nach hinten setzen;
- warme Orte vermeiden, nicht in der Nähe der Heizung oder eines Kamins sitzen;
- nach Möglichkeit nach Skandinavien in Urlaub fahren;
- wenn ich in Eile bin, schnell Fahrrad gefahren oder gelaufen bin und irgendwo verschwitzt ankomme, kühle ich mich erst einmal ab, bevor ich mit Menschen in Kontakt komme.

Dann schreibt er auf, wie seine Expositionsübungen aussehen werden:

- kein Deodorant oder Parfüm verwenden und scharf gewürzten Fisch essen;
- mehrere Tage hintereinander dieselbe Kleidung tragen;
- die Farbe der Hemden so wählen, dass Schweißflecken darauf möglichst gut sichtbar sind;
- kein Jackett tragen, um Schweißflecken zu verbergen, sondern einen Rollkragenpullover mit langen Ärmeln oder ein Hemd, auf dem Schweißflecken auffallen;

- mit Wasser und einem Schwamm absichtlich Schweißflecken vortäuschen und/oder die Treppe rauf und runter rennen und heißen Tee trinken;
- eine Haltung einnehmen, bei der die Achselhöhlen möglichst gut sichtbar sind;
- sich vorne in den Raum setzen, aufstehen und die Arme hochhalten, sodass die Schweißflecken sichtbar sind;
- warme Orte aufsuchen, sich absichtlich an die Heizung oder den Kamin setzen;
- Urlaub in einem warmen Land machen;
- absichtlich schnell Fahrrad fahren und rennen und warme Suppe oder Tee trinken, sodass ich irgendwo schweißgebadet ankomme, dann ohne mich abzukühlen mit Menschen in Kontakt treten.

Zusammenfassung

Das übermäßige Denken für andere durchläuft mehrere Phasen: Oft macht man sich schon im Vorfeld Sorgen. Später geht einem dann sehr viel durch den Kopf: Man ist sich seiner selbst, seiner Stimme und seiner Wirkung bewusst. Man vermeidet mehr oder weniger subtil gewisse Dinge, traut sich zum Beispiel aus Angst vor Ablehnung nicht, Risiken einzugehen. Vor, während und nachdem man agiert hat, hadert man oft mit der eigenen Leistung und geht sehr streng mit sich ins Gericht. Aber ... auch wenn Sie selbst sich sehr damit befassen, wie Sie auf andere wirken, befassen sich andere oft gar nicht so sehr mit Ihnen. Und selbst wenn Sie bei anderen auf Ablehnung stoßen würden, wie schlimm wäre das wohl?

Für andere zu denken, mag kurzfristig vielleicht von Vorteil sein, langfristig ist es das sicherlich nicht. Es ist wichtig, Ihr eigenes Denken für andere etwa folgendermaßen als Wenn-dann-Gedanke zu formulieren: „Wenn ich einen Fehler mache, dann wird man mich für inkompetent halten.“ Anschließend korrigieren Sie diesen Gedanken, indem Sie sich dem Wenn-Teil aussetzen, also beispielsweise absichtlich Fehler machen. Nun schauen Sie sich an, was wirklich passiert: Wenden sich andere tatsächlich von Ihnen ab? Mit #Lsdwsw lernen Sie durch Erfahrung, weniger für andere zu denken.

Anmerkungen

1 Wenn Ihr Denken für andere deutlich infolge eines oder mehrerer unangenehmer Ereignisse entstanden ist, können Sie sich an Ihren Hausarzt wenden. Es ist möglich, dass Sie eine Angststörung oder eine Trauma oder belastungsbezogene Störung haben. Ihr Hausarzt wird Sie möglicherweise zur Traumabehandlung wie z. B. der traumafokussierten kognitiven Verhaltenstherapie (TF-KVT) oder einer Eye Movement Desensitization and Reprocessing (EMDR, Desensibilisierung und Verarbeitung durch Augenbewegung) anmelden. Weitere Informationen erhalten Sie unter www.vgct.nl oder www.emdr.nl.
2 Vereinfachte Version, entnommen aus den Modellen von Hofmann, 2007, und von Clark & Beck, 2010.
3 Siehe Fang u. a., 2013.
4 Siehe Ellis, 1998.
5 Es gibt auch eine ganze Reihe von Tierarten, die nachweislich Einfühlungsvermögen haben.
6 Menschen mit bestimmten psychischen Störungen (wie Autismus oder bestimmten Persönlichkeitsstörungen) haben einen strukturellen Mangel an Einfühlungsvermögen. Manchmal ist sich die Person dessen bewusst, was wiederum die Angst vor Ablehnung hervorruft. Wenn Sie glauben, dass es Ihnen im Zusammenhang mit einer psychischen Störung an Einfühlungsvermögen mangelt, rate ich Ihnen, sich an Ihren Hausarzt zu wenden. Dasselbe gilt, wenn Sie unter Impulsivität oder Jähzorn leiden. Ziehen Sie, wenn Sie an Ihrer psychischen Gesundheit zweifeln, Ihren Hausarzt oder einen Psychologen, Psychotherapeuten oder Psychiater zurate.
7 Stavoren ist ein Ort im Norden der Niederlande, den man von Amsterdam über zwei völlig unterschiedliche Routen zu beiden Seiten eines großen Sees, des IJsselmeers, erreichen kann.
8 Siehe Hahn u. a., 2011.
9 Siehe Milad u. a., 2007.

Das Handwerk der Exposition

Nun wissen Sie, welche Expositionsübungen Sie machen können, um das Denken für andere in den Griff zu bekommen. Doch etwas zu wissen ist nicht dasselbe, wie es zu tun. Manche Menschen schreiten problemlos von der Theorie zur Praxis. Für andere ist Motivation ein wichtiges Element, das erst noch hinzukommen muss.

Ich frage meine Klienten oft, was sie am meisten motiviert, sich an Expositionsübungen heranzuwagen. Einige ihrer Motivationshilfen sind:

- Sehen Sie es als Übung an;
- relativieren Sie Ihre Gedanken: Denken Sie daran, wie sehr Sie sich in der Vergangenheit manchmal völlig grundlos über etwas Sorgen gemacht haben;
- bitten Sie jemanden um Hilfe;
- zögern Sie es nicht hinaus und denken Sie nicht zu viel darüber nach, sondern beginnen Sie schnell damit;
- tun Sie's einfach;
- betrachten Sie es als Herausforderung;
- denken Sie an Ihre Ziele.

Sich selbst motivieren

Martin Appelo, Gesundheitspsychologe und Verhaltenstherapeut, ist ein Experte in Sachen Motivation. Er nennt drei Elemente, die man braucht, um sein Verhalten zu ändern. In unserem Fall bedeutet das: Expositionsübungen machen, statt sie zu vermeiden. Die drei Elemente dafür sind:

1. Innerer Antrieb: Das bedeutet, dass Sie unter Ihrem derzeitigen (Vermeidungs-)Verhalten leiden. Sie leiden darunter, dass Sie für andere denken. Und Sie wollen dieses Denken eindämmen, um alle die Dinge tun zu können, die Sie jetzt entweder unter negativer Anspannung tun oder zu denen Sie nicht den Mut haben. Und Sie haben eine Alternative, nämlich Ihr Ziel, auf das Sie hinarbeiten möchten: Sie wissen, was es für Sie bedeuten würde, wenn Sie weniger für andere denken würden.

2. Disziplin: Durch einmaliges Üben eignet man sich keine neue Gewohnheit an, vor allem dann nicht, wenn die alte Gewohnheit fest verankert war. Eine neue Gewohnheit anzunehmen, erfordert Zeit, Übung und Disziplin. Sie werden sich mit den Reaktionen Ihrer Umgebung auseinandersetzen müssen, ob Sie das nun angenehm finden oder nicht. Sind Sie dazu bereit? Wiegen die Vorteile der Veränderung die Nachteile auf? Versuchen Sie, nach dem Üben etwas zu tun, was Sie schön finden.
3. Interne Attribution: Das bedeutet, dass Sie sich für Ihre Fehler und Erfolge verantwortlich fühlen. Dass Sie davon überzeugt sind, selbst den Unterschied ausmachen zu können. Sind Sie der Überzeugung, dass das Denken für andere hauptsächlich mit anderen zu tun hat? Oder mit den Umständen? Dann befragen Sie sich selbst kritisch und schauen Sie sich an, was Sie selbst tun können.

Appelo rät Menschen, die sich verändern möchten, genau zu prüfen, ob sie über genug inneren Antrieb, Disziplin und interne Attribution verfügen. Wenn ja, gilt es, mit der Arbeit an der neuen Gewohnheit zu beginnen. Wenn nicht, sparen Sie sich die Mühe.

Ich möchte Ihnen noch einige zusätzliche Tipps an die Hand geben, wie Sie an Expositionsübungen herangehen können. Nutzen Sie sie zu Ihrem Vorteil.

Was habe ich davon?

Es kann hilfreich sein, die Vor- und Nachteile von Veränderungen aufzuschreiben (siehe S. 53–54, Tab. 4 und 5). Erstellen Sie einen Zeitplan und suchen Sie sich einen Helfer (siehe S. 24). Beschreiben Sie ganz konkret, was Sie wo tun werden. Denken Sie im Voraus darüber nach, was Ihnen bei der Übung am schwersten fallen wird. Sollten bei Ihnen Gedanken aufkommen, die Sie sabotieren, wie: „Ach, ich mach das morgen", „dafür habe ich keine Zeit" oder „das mach ich, wenn ich mich besser fühle", dann bedenken Sie, dass Sie diese Ausflüchte um keinen Deut weiterbringen und Ihnen allenfalls kurzfristig Erleichterung verschaffen.

Frühere Erfolge

Denken Sie an die Momente, in denen Sie für andere gedacht haben, aber nicht darauf eingegangen sind. Zum Beispiel daran, dass Sie dachten: „Wenn ich mich in das Gespräch einmische, dann sage ich bestimmt etwas

Dummes und die anderen gehen weg", sie sich anschließend aber trotzdem an dem Gespräch beteiligten und einfach irgendetwas gesagt haben, vielleicht auch ein paar dumme Dinge. Und dass trotzdem niemand Reißaus genommen hat. Oder denken Sie an andere Situationen, in denen Sie die Tendenz hatten, wegzulaufen oder nur unter Anwendung von allerlei Tricks zu bleiben, Sie dann aber doch geblieben sind – und zwar ohne diese Tricks. Schreiben Sie diese früheren Erfolge auf oder fertigen Sie eine Collage dazu an, zum Beispiel eine Collage aus Fotos oder Zeitungsauschnitten.

Wie hilft mir die Übung?

Überlegen Sie sich vorher, wie Ihnen die Übung helfen wird. Nämlich dadurch, dass Sie sich durch das Üben eine neue Gewohnheit aneignen, sich an #Lsdwsw gewöhnen und andere denken können mögen, was sie wollen. Bedenken Sie auch, dass Sie durch das Üben Informationen darüber sammeln werden, was tatsächlich geschieht, statt weiterhin ängstlich darüber zu spekulieren. Sie bedenken also im Voraus genau, was Sie tun werden. Gleich danach können Sie Ihr eigenes Verhalten evaluieren. Ob eine Übung gelingt, haben Sie selbst in der Hand: wie auch immer die Reaktionen und Gedanken der anderen ausfallen mögen.

Machen Sie Selfies

Machen Sie Fotos und Videos von Ihren Übungen, auch Selfies. Laden Sie Freunde oder Bekannte auf einen Kaffee ein und nutzen Sie die Gelegenheit zu Expositionsübungen. Halten Sie eine Rede (in die Sie absichtlich Fehler einbauen) und bitten Sie um Feedback.

Belohnen Sie sich

Belohnen Sie sich nach jeder Expositionsübung, indem Sie etwas tun, was Ihnen Befriedigung verschafft, oder indem Sie sich etwas Schönes kaufen. Hören Sie beispielsweise Ihre Lieblingsmusik, besuchen Sie ein Museum oder Theater, verabreden Sie sich mit Freunden, machen Sie einen Spaziergang, unternehmen Sie einen Einkaufsbummel oder trinken Sie eine Tasse Tee in Ihrem Lieblingscafé.

Sagen Sie sich selbst und erzählen Sie anderen, wie Sie sich fühlen. Sagen Sie anderen vor oder während Ihrer Expositionsübung ruhig, dass Sie nervös sind. Das wird Sie erleichtern. [1]

Übung 3.1 Motivationscheckliste

Erstellen Sie für sich selbst eine Checkliste, um Ihre Motivation hochzuhalten.
Zum Beispiel:

- ☐ Ich möchte mich selbst nicht mehr einengen, indem ich für andere denke.
- ☐ Ich möchte Situationen nicht mehr ausweichen, weil ich darüber fantasiere, was andere wohl denken mögen.
- ☐ Das wird Zeit und Übung erfordern, aber das ist es mir wert.
- ☐ Ich kann etwas bewirken.
- ☐ Veränderung hat kurzfristig Nachteile, langfristig aber Vorteile.
- ☐ Ich habe meine Übungen in meinem Zeitplan eingeplant.
- ☐ Ich habe eine Benachrichtigung auf meinem Smartphone eingerichtet.
- ☐ Ich habe jemanden gebeten, mir zu helfen.
- ☐ Was ich genau anders machen werde, ist Folgendes: ...
- ☐ Ich habe ein Kärtchen mit einem motivierenden Text oder Bild gemacht.
- ☐ Anspannung ist ein gutes Zeichen, denn Anspannung bedeutet Begeisterung.
- ☐ Ich baue auf meinen #Lsdwsw-Erfolgen auf.
- ☐ Ich feiere meine Erfolge mit anderen Menschen und mit Selfies.

Elin ist aufgefallen, dass sie fast nie telefoniert, wenn andere Leute in der Nähe sind. Sie kann einen eingehenden Anruf immer wegdrücken, und wenn sie selbst jemanden anrufen möchte, wartet sie, bis sie allein in einem Raum ist. Außerdem versucht sie, die gesamte Kommunikation über WhatsApp laufen zu lassen. Dann braucht sie nicht zu telefonieren und fühlt sich auch nicht so sehr mit ihrer Stimme konfrontiert. Wenn sie Botschaften sendet, statt anzurufen, hat sie das Gefühl, die Situation besser unter Kontrolle zu haben.
Sie liest noch einmal einige Passagen in #Lsdwsw. Sie weiß inzwischen, dass whatsappen für sie ein Vermeidungsverhalten darstellt. Und dass gerade dieses Vermeidungsverhalten der Grund dafür ist, warum sie sich nicht traut anzurufen. Sie weiß, dass durch das Vermeiden

von Anrufen ihre Angst davor, was andere von ihr denken, wenn sie dann doch einmal anruft, nur noch größer wird. Sie ist sich dessen nur nicht ganz sicher: Würde sie sich wirklich selbstsicherer fühlen, wenn sie mehr telefonieren würde? Ihr Gefühl spricht eher dagegen.
Um sich zu motivieren, denkt sie sich Folgendes aus: Nächsten Monat will sie versuchen, überhaupt keine Nachrichten über WhatsApp zu versenden. Sie wird einen anderen Status einstellen: „Ich werde einen Monat lang nicht bei WhatsApp sein, rufen Sie mich an, wenn ich etwas für Sie tun kann.“ Und sie wird versuchen, einen Monat lang möglichst viel in Anwesenheit anderer zu telefonieren. Für jede Kleinigkeit wird sie anrufen. Sie nimmt sich vor, sich dazu vorher an einen Ort zu begeben, an dem sich besonders viele Leute aufhalten. Das kann auf der Straße sein, irgendwo im Büro (vorausgesetzt, es stört andere nicht zu sehr) oder einfach zu Hause, während andere dabei sind. Sie nimmt sich Zeit, sich der Anspannung zu stellen, die kurzfristig ganz normal ist.

„Aber ich bin doch schon genug Dingen ausgesetzt“

Aufgepasst: Schwierigen Dingen ausgesetzt zu sein, ist nicht dasselbe, wie sich selbst etwas auszusetzen, das man aus Angst vermeidet. In den folgenden Beispielen sind Sie bestimmten Situationen ausgesetzt, üben sich aber nicht aus eigenem Antrieb auf eine Weise, die Ihr Selbstvertrauen steigert:

- An meinem Arbeitsplatz machte ein Kollege mir gegenüber eine gemeine Bemerkung;
- in einem Geschäft konnte ich an der Kasse mein Geld nicht finden;
- bei der Vorstellungsrunde bin ich rot geworden;
- bei meiner Arbeit lief ich den ganzen Tag mit einem Fleck auf meinem Hemd herum, ohne es zu bemerken;
- während eines Meetings stellte ich eine Frage, die offenbar gerade schon gestellt und beantwortet worden war;
- bei meiner Arbeit lief etwas anders als geplant, daher musste ich unsere Gäste besonders lange bei Laune halten;
- ich war so angespannt, dass ich schweißgebadet war und mich elend fühlte.

Es ist natürlich gut, Situationen, die nicht reibungslos ablaufen und in denen Sie abgelehnt werden könnten, nicht zu vermeiden. Und angenommen, Sie erhalten tatsächlich einige Kritik, so sollten Sie das Ganze in einem positiven Licht sehen. Sie könnten sich zum Beispiel sagen: „Ich habe es ausgehalten und kann damit klarkommen." Aber der Wesenskern der Exposition liegt darin, sich dem, was man vermeidet, bewusst auszusetzen. Um zu den vorherigen Beispielen zurückzukehren, bedeutet Exposition eher:

- dass Sie absichtlich etwas tun, um bei Ihrer Arbeit kritisiert zu werden;
- dass Sie an einer Kasse so tun, als ob Sie Ihr Geld nicht finden könnten;
- dass Sie Ihr Gesicht mit Vorsatz rot färben;
- dass Sie absichtlich einen Fleck auf Ihr Hemd machen;
- dass Sie absichtlich eine dumme Frage stellen;
- dass Sie selbst anfangen, mit Ihren Aufgaben zu improvisieren;
- dass Sie vor einer aufregenden Situation Treppen hochlaufen oder sich zu warm anziehen.

Wenn Sie ausgiebig geübt haben, sich einer möglichen Ablehnung auszusetzen, werden Sie feststellen, wie eine solche Situation in Wirklichkeit verlaufen kann. Hierdurch werden Sie dazu in der Lage sein, besser mit einer solchen Situation umgehen zu können, wie unerwartet sie auch immer eintritt. Diese Expositionserfahrungen werden Ihnen auch dabei helfen, mit Ihren eigenen Emotionen und mit den Reaktionen anderer besser umzugehen.

Wie weit gehen Sie?

Wenn Sie sich Expositionsübungen ausdenken, sollten Sie dabei Gesetze, Normen und Werte beachten. Natürlich sollten Sie keine unnötigen Risiken eingehen, niemanden beleidigen oder verletzen. Exposition bringt es in manchen Fällen mit sich, die Grenzen des Schicklichen auszuloten und absichtlich unangenehme Situationen herbeizuführen. Sie sollen sich darin üben, bei anderen anzuecken. Aber es ist nicht der Sinn der Sache, vorsätzlich ein berufliches Projekt scheitern zu lassen. Oder in einem Geschäft absichtlich ein Glasgefäß fallen zu lassen. Küchenrollen dagegen können Sie schon fallen lassen, und Sie können auch Wecker in einem Kaufhaus ausprobieren. Bitten Sie Ihren Helfer um guten Rat oder Hilfe.

Merken Sie, dass Sie zu weit gegangen sind, und fragt Sie jemand, was Sie da gerade machen, und bittet Sie, damit aufzuhören? Dann versuchen Sie, auch mit dieser Situation klarzukommen: Entschuldigen Sie sich zum Beispiel oder finden Sie eine Lösung, und passen Sie die nächste Expositionsübung den Gegebenheiten an. Sich für eine Expositionsübung auf den Bürgersteig zu setzen, ist kein Problem, aber wenn andere Sie bitten aufzustehen, ist es an der Zeit, dies auch zu tun und sich mit dieser unbequemen Situation auseinanderzusetzen. Machen Sie keine allzu bizarren Übungen an Orten, die eine erhöhte Sicherheit erfordern. Ich würde davon abraten, vor einem Polizeiauto zu üben, selbst wenn Sie nur etwas Ungewöhnliches oder Sonderbares und nichts Illegales vorhaben.[2]

Lass sie denken, was sie wollen: Attacke!

Sie sind nun mit Ihrer Lektüre auf Seite 71 angekommen, und wir haben lange genug um den heißen Brei herumgeredet. Sie kennen nun die Theorie von #Lsdwsw und sind ausreichend motiviert, in die Praxis der Exposition einzusteigen. Setzen Sie sich dem Wenn-Teil Ihres Denkens aus. Am besten fangen Sie genau mit der Situation an, in der Ihr Denken für andere entstanden ist. Hatten Sie zum Beispiel während einer Präsentation in Ihrem Studium einen Blackout? Dann suchen Sie sich einen Kurs, in dem Sie eine Präsentation halten und bewusst so tun können, als wüssten Sie nicht mehr, was Sie sagen wollten. Vielleicht können Sie auch noch einmal den Raum aufsuchen, in dem Sie damals den Faden verloren haben. Aber selbst, wenn Ihnen nicht klar ist, wann Ihr Denken für andere seinen Anfang genommen hat, können Sie üben, indem Sie nach diesem unangenehmen Gefühl der Ablehnung auf die Suche gehen. Hier sind einige Beispiele:

Übung 3.2 Sich Peinlichkeiten aussetzen

Beispiel 1: Greifen Sie zum Telefon.

Rufen Sie in einem Baumarkt an und fragen Sie, ob dort Mangos verkauft werden. Konzentrieren Sie sich auf das Gespräch, und wenn es Ihnen peinlich ist, nehmen Sie das als ein Zeichen dafür, dass Sie sich etwas aussetzen. Lassen Sie die Peinlichkeit zu. Bleiben Sie im Gespräch aufmerksam. Das Einzige, was Sie tun müssen, ist, nicht aufzulegen, Schweigen nicht zu überspielen, sich nicht zu entschuldigen und immer wieder nach Mangos zu fragen.

Irgendwann gewöhnen Sie sich an dieses Gefühl und an die bizarre Situation. Sie gewöhnen sich daran, dass der Mitarbeiter vielleicht alles Mögliche über sie denkt. Rufen Sie eine Reihe von anderen Geschäften an und stellen Sie andere seltsame Fragen, bis es Sie zu langweilen beginnt.

Beispiel 2: Gehen Sie auf die Straße.

Angenommen, Sie sind in Amsterdam. Dann gehen Sie in eine belebte Einkaufsstraße und fragen Sie so viele Leute wie möglich, wo Amsterdam ist. Fragen Sie zwischendurch andere Leute, ob sie Ihnen zwanzig Euro geben können. An Ampeln können Sie sich neben eine lange Schlange von Autos oder Radfahrern stellen und sie angespannt ansehen. Oder Sie können Ihren Mantel auf links tragen.

Beispiel 3: In der Warteschlange

Suchen Sie sich eine lange Schlange, z.B. vor einem Kino oder einem Museum. Stellen Sie sich irgendwo vorne neben die Warteschlange und zwar so, dass alle Sie gut sehen können, dann schauen Sie auf eine Weise, die für andere grotesk wirken könnte. Lassen Sie sich nicht davon abbringen, weiter so zu schauen. Eine alternative Übung wäre, dort ein Lied zu singen, vorzugsweise falsch.

Beispiel 4: In einem Laden

Gehen Sie in ein Geschäft und versuchen Sie, mit Ihrem Bibliotheksausweis oder Ihrer Bahnkarte zu bezahlen. Auch hier gilt: Konzentrieren Sie sich auf die Situation, gehen Sie mit der Situation um und spüren Sie das Unbehagen, das sich einstellt.

> *Beispiel 5:* Laden Sie Ihre Nachbarn ein.
> Laden Sie Ihre Nachbarn oder Bekannten zum Kaffee ein und halten Sie eine Rede zu einem beliebigen Thema, das Sie spannend finden. Zum Beispiel eine Rede über #Lsdwsw und wie Sie daran arbeiten. Oder eine Rede über ein Hobby, Ihre Arbeit, Ihre Träume oder die Politik. Wenn Ihnen nichts einfällt, suchen Sie kurz im Internet nach einem beliebigen Thema oder bitten Sie Ihre Zuhörer, Ihnen ein Thema zu nennen. Halten Sie einfach eine unvorbereitete Rede über die Pizza Margherita!

Nun, ich hoffe, ich konnte Sie damit auf ein paar Ideen bringen. Denken Sie daran, dass es wichtig ist, die Expositionsübungen in genau den Situationen zu tun, in denen Sie nicht mehr für andere denken wollen. Finden Sie gemeinsam mit Ihrem Helfer heraus, was machbar ist. Könnten Sie zum Beispiel während einer Sitzung ausgiebig gähnen? Oder in einem vollen Aufzug singen? Oder möchten Sie sich darin üben, bewusst nicht die richtigen Worte zu finden, während Sie im Großraumbüro telefonieren? Möchten Sie bei Ihrem Partner oder Chef konstruktive Kritik anbringen? Dann schauen Sie sich die Wenn-dann-Gedanken an, die Sie daran hindern, und setzen Sie sich dem Wenn-Teil aus. Zittern Sie absichtlich, machen Sie Fehler, verhalten Sie sich ungeschickt, tun Sie etwas Verrücktes, legen Sie sich Schweißflecken zu, erzählen Sie etwas außer Atem usw.

Es kann sehr nützlich sein, sich in einem Notizbuch zu vermerken, wie Ihre Expositionsübungen abgelaufen sind: Haben Sie getan, was Sie tun wollten? Wie haben Sie und Ihr Umfeld darauf reagiert? Schreiben Sie die Fakten auf: beispielsweise, was Sie gesehen oder gehört haben. Keine Gedanken oder Interpretationen. Eine Übung ist dann gelungen, wenn Sie das getan haben, was Sie tun wollten. Wie fest glauben Sie noch an Ihre Wenn-dann-Gedanken? Notieren Sie nun einen Prozentsatz: 0 Prozent bedeutet, dass Sie überhaupt nicht mehr daran glauben, 100 Prozent bedeutet, dass Sie vollkommen davon überzeugt sind. Versuchen Sie, das Optimum aus #Lsdwsw herauszuholen, versuchen Sie, auf einen höheren Prozentsatz für folgende Überzeugung hinzuwirken: Wenn die anderen mich merkwürdig finden, mich kritisieren oder auslachen, dann ist das unangenehm, aber ich kann damit umgehen.

Schauen Sie sich regelmäßig die Selfies an, die Sie während der Übungen gemacht haben. Schreiben Sie Ihre Erfolgserlebnisse auf und lesen Sie sie als Vorbereitung für andere Übungen durch.

Wenn Sie eine Übung gemeistert haben, kombinieren Sie diese mit einer anderen Übung. Wenn es Ihnen zum Beispiel kaum noch Schwierigkeiten bereitet, in einem Friseursalon zu fragen, ob er um fünf Uhr morgens geöffnet ist, beginnen Sie, dabei absichtlich zu stottern.

Versuchen Sie, oft zu üben und lange. Eine neue Gewohnheit eignet man sich am besten an, indem man viel und variationsreich übt. Lange zu üben, kann bedeuten: einige Stunden hintereinander, am besten täglich, aber mindestens dreimal pro Woche.

Vincent möchte möglichst schnell mit Expositionsübungen beginnen, auch wenn große Anspannung damit verbunden ist. Die schwierigste Übung auf seiner Liste ist, andere bewusst Schweißflecken sehen zu lassen. Diese Übung überspringt er zunächst. Aber er wagt sich an eine andere Übung. Er geht in ein Büroviertel und fragt alle möglichen Leute, wie viel sie verdienen. Eine peinliche Frage, die perfekt zu seinem Vorhaben passt, nicht mehr für andere zu denken. Anfangs ist das ziemlich gewöhnungsbedürftig. Er traut sich zunächst nur, Leute zu fragen, die auf den ersten Blick „gefahrlos“ wirken: eher Frauen als Männer, eher ältere Menschen, die nicht so selbstbewusst aussehen, als arrogante Mittvierziger. Aber weil er sich bewusst ist, dass er hier eine Vermeidungsstrategie fährt, gelingt es ihm bald, auch andere Leute zu fragen. Nach einer halben Stunde wagt er es, alle Passanten zu fragen, wie viel sie verdienen. Selbst vorbeieilende Männer in Anzügen. Er traut sich sogar, jemanden beim Telefonieren mit seiner Fragerei zu stören.
Vincent merkt, dass es letztlich gar nicht so schlimm ist, zurückgewiesen zu werden. Er bekommt oft ein „Nein“ zu hören, und manche lachten ihn auch aus, aber er kann damit umgehen. Er spürt, wie sein Selbstvertrauen wächst, und nimmt sich vor, weitere Expositionsübungen in einem anderen Büroviertel durchzuführen. Er will die Frage „Wie viel verdienen Sie?“ mit von ihm selbst mit einem Schwamm manipulierten Schweißflecken kombinieren. Zuvor hatte er in sein Notizbuch geschrieben, dass er zu 100 Prozent davon überzeugt ist, dass es schrecklich ist, wenn ihn jemand für einen Spinner hält. Nach seiner Exposition schreibt er auf, wie die Übung verlief. Er notiert detailliert,

was er getan hat, wie die Leute aussahen und was sie getan und gesagt haben. Er schreibt auch auf, dass er nur noch zu 20 Prozent glaubt, dass es schrecklich ist, wenn ihn jemand für einen Spinner hält.

„Ja, aber ..." – für die nächste Expositionsübung nutzen

Wenn Ihre Übung erfolgreich war, Sie Ihre Leistung anschließend jedoch durch Ja-aber-Gedanken herunterspielen, dann werfen Sie einen kurzen Blick auf den Inhalt dieser Gedanken. Zum Beispiel: An der Kasse haben Sie absichtlich die Geheimzahl Ihrer Bankkarte nicht mehr parat, sodass der Bezahlvorgang scheitert. Die Expositionsübung ist gelungen. Hervorragend. Doch dann denken Sie: Ja, aber es war auch nicht viel los an der Kasse. Anhand dieses Ja-aber-Gedankens können Sie nun die nächste Übung entwickeln: Sie lassen den Bezahlvorgang an einer Kasse scheitern, an der eine lange Schlange steht.

Ein weiteres Beispiel: Ihre Expositionsübung bestand daraus, einem Passanten eine dumme Frage zu stellen. Sie standen vor dem Supermarkt und fragten, wo der Supermarkt ist. Das ist Ihnen gelungen, sehr gut. Im Nachhinein denken Sie: Ja, aber da waren nur nette Leute. Denken Sie dann darüber nach, welche der Passanten Sie als nicht so nett einschätzen, und führen Sie die Übung mit diesen Leuten durch. Sie werden erstaunt sein! Oder wenn Sie eine Expositionsübung durchgeführt haben, weil Sie einen guten Tag hatten. Dann versuchen Sie einmal zu üben, wenn Sie einen schlechten Tag haben, wenn Sie müde sind oder sich nicht wohlfühlen.

Ein Ja-aber nach einer Übung ist eine Form, sich selbst kleinzumachen. Das ist nicht allzu förderlich für Ihr Selbstvertrauen. Wenn Sie also die Tendenz dazu haben, nutzen Sie sie auf positive Weise, um Ihre nächste Übung zu entwickeln.

Füllen Sie Ihren Kopf mit Fakten

Wir alle denken für andere. Auch wenn ich diese Expositionsübungen schon Hundert Male mit Klienten zusammen durchgeführt habe, bin ich doch immer noch darüber erstaunt, wie sehr wir mit unserem Denken danebenliegen können. Wir sahen beispielsweise einmal jemanden, der auf mich einen etwas mürrischen Eindruck machte. Ich dachte sofort: Das ist kein sozialer Typ. Aber ... dann hat er sehr freundlich mit einer netten Antwort reagiert. Ein anderes Mal sah ich jemanden, der sehr gepflegt gekleidet war, und ich dachte bei mir: Der hat Allüren. Doch dann entpuppte sich diese Person als sehr jovial, von Allüren keine Spur. Versuchen Sie, Ihren Kopf mit Fakten zu füllen: mit Dingen, die Sie wirklich sehen oder hören. Diese Fakten werden den Platz erobern, den nun noch Ihr Denken für andere einnimmt.

Nehmen Sie ruhig auch Ihr Smartphone zur Hand und machen Sie so viele Selfies von der Expositionssituation wie möglich. Oder bitten Sie jemanden, ein Foto von Ihnen zu machen, während Sie Ihre Expositionsübungen durchführen (fragen Sie aber zuerst um Erlaubnis, wenn dabei andere Personen aufs Foto kommen).

Wilma will sich endlich wieder mit jemandem verabreden. Doch das traut sie sich noch nicht. In der Zeit, in der sie Dates hatte, war sie ständig um ihr Aussehen besorgt, sie fürchtete, dass ihr Date sie langweilig finden könnte. Jetzt möchte sie sich weniger um ihr Aussehen sorgen und nicht mehr so viel für andere denken. Sie schnappt sich ihr Smartphone und fährt für einen Tag allein in die Stadt, um sich mit und von anderen fotografieren zu lassen. Und dann auch noch ganz ungeschminkt! Sie bittet alle möglichen Fremden auf der Straße, ein Foto von ihr zu machen. Sie fragt eine Gruppe von Touristen, ob sie sich mit ihr fotografieren lassen möchten, und das wollen sie tatsächlich! Nachdem sie fünfzig Mal fotografiert wurde, traut sie sich sogar, einige Gruppen Einheimischer zu fragen, ob sie sich mit ihr fotografieren lassen möchten. Einige möchten das nicht, andere schon. Auf jeden Fall fühlt sich Wilma nun stärker und selbstbewusster. Sie wagt es sogar, einige Aufnahmen machen lassen, für die sie einen langweiligen und nervösen Blick aufsetzt. Schließlich hat sie eine wunderschöne Fotoserie als Erinnerung an diesen schönen Tag. Von nun an will sie öfter Fotos von sich machen, auf denen sie ungeschminkt ist.

Selfies und Videos

Die Verwendung Ihres Smartphones oder Ihrer Kamera ist ein wichtiger Teil von #Lsdwsw. Ihr Denken für andere führt womöglich dazu, dass Sie lieber nicht im Fokus der Aufmerksamkeit stehen möchten. Vielleicht versuchen Sie es häufig, zu vermeiden, fotografiert zu werden. Doch gerade dann funktioniert es gut, das genaue Gegenteil zu tun. Nämlich: sich bewusst in den Mittelpunkt der Aufmerksamkeit zu stellen. Wenn Sie das oft genug tun, werden Sie bemerken, dass Sie sich daran gewöhnen. Und dass die „Kosten" von Fehlern halb so schlimm sind.

Übung 3.3 Selfies und Videos

Schnappen Sie sich Ihr Smartphone oder Ihre Kamera und fangen Sie sofort damit an, Selfies zu machen. Machen Sie ein Selfie bei Ihnen zu Hause, vor Ihrem Haus oder wenn Sie auf der Straße herumlaufen. Fragen Sie dann andere, ob sie ein Foto mit Ihnen machen möchten. Suchen Sie belebte Orte auf und machen Sie auch dort Selfies in Gegenwart anderer. Fragen Sie sie auch, ob sie ein Foto von Ihnen machen möchten. Ziehen Sie dabei eine Grimasse oder schauen Sie angespannt. Oder tun Sie etwas, was Sie seltsam finden, wie übertriebenes Husten oder Stottern. Oder nehmen Sie einen Gegenstand aus einer Plastiktüte, der überhaupt nicht zur Situation passt: ein Küchensieb, ein Paar alte Socken in verschiedenen Farben oder einen Globus. Oder nehmen Sie sich ein gekochtes Ei und schlagen Sie es an Ihrem Kopf auf. Verhalten Sie sich richtig ungeschickt, während Sie von einem Fremden oder jemandem aus Ihrem Umfeld gefilmt werden. Zunächst wird sich das ziemlich hart oder unangenehm anfühlen, vielleicht geht es Ihnen auch an die Nieren. Machen Sie trotzdem weiter. Denn Ihr Selbstvertrauen wird dadurch wachsen. Lassen Sie sie doch denken!

Bezieht sich Ihr Denken für andere darauf, dass Sie rot werden? Dann ist die Wahrscheinlichkeit groß, dass Sie sich über das Ausmaß Ihres Errötens täuschen. Sie haben das Gefühl, Ihr Gesicht würde vor Hitze fast explodieren, und Sie denken, Sie seien so rot wie ein Hummer, aber ... nun schauen Sie einmal, wie rot Sie wirklich sind, wenn Sie erröten.

Suchen Sie zunächst im Internet unter der „Farbpalette Rot" nach Darstellungen.
Bitten Sie dann jemanden, so lange zu Ihnen zu sagen, Sie würden rot, bis Sie wirklich erröten. Schauen Sie dann schnell auf die Rotpalette und zeigen Sie, wie rot das Gesicht Ihrer Meinung nach nun ist. Schauen Sie dann in den Spiegel, oder machen Sie ein Selfie, um zu sehen, wie rot Ihr Gesicht tatsächlich ist.

Fallen und wieder aufstehen – so geht es

Sich bei Expositionsübungen schlecht zu fühlen, ist ganz normal. Es ist sogar ein Zeichen dafür, dass Sie auf dem richtigen Weg sind. Versuchen Sie (in sozialer Hinsicht), so oft wie möglich hinzufallen und wieder aufzustehen. Tun Sie etwas, bei dem Sie sich superunangenehm fühlen, und ziehen Sie es trotzdem durch. Gehen Sie mit den Reaktionen der anderen um. Das ist gewöhnungsbedürftig und kann ziemlich anstrengend sein, aber auf lange Sicht werden Sie davon profitieren. Stehen Sie bei einer Expositionsübung absichtlich zitternd an der Kasse an, und lassen den Bezahlvorgang mit Ihrer EC-Karte scheitern. Dann konzentrieren Sie sich auf das Eingeben Ihrer PIN, schauen Sie die Kassiererin an, und finden Sie selbst heraus, ob Sie sich aus der Situation retten können oder nicht.

Laufen Sie nicht weg und tun Sie alles, was ein unangenehmes Gefühl bei Ihnen erweckt (im Rahmen von Normen und Werten; fragen Sie gegebenenfalls dazu Ihren Helfer um Rat). Wenn Sie die Kassiererin auslacht oder die Leute in der Schlange verärgert sind, dann nehmen Sie all diese Reaktionen genau wahr und lassen Sie nicht davon ab, zu hören und zu schauen, was bei den anderen und Ihnen selbst tatsächlich passiert. Sie müssen die Situation nicht auflösen, beenden Sie Ihre Expositionsübung erst, wenn es Ihnen gelungen ist, gut wahrzunehmen, was passiert. Oder wenn Sie sich zu langweilen beginnen oder ein anderer der Situation ein Ende macht. Fühlen Sie sich abgelehnt? Prima. Das ist ein Geschenk, das Sie im Kampf gegen Ihr eigenes Denken für andere mitnehmen. Sie haben eine Gelegenheit geschaffen, sich damit auseinanderzusetzen. Denken Sie daran: Milde Ärzte hinterlassen stinkende Wunden – also üben Sie weiter.

Was ist gut gelaufen und was könnte besser laufen?

Was ist gut gelaufen und was könnte besser laufen? So evaluieren Sie Ihre Exposition. Exposition bedeutet, genau das zu tun, was man aus Angst vermeidet. Stellen Sie sich vor, aus Übungszwecken singen Sie auf einer Geburtstagsfeier ein Lied. Nach der Hälfte des Liedes fällt Ihnen der Text nicht mehr ein und Sie hören auf zu singen. Was ist dabei gut gelaufen und was könnte besser laufen? Schauen Sie sich an, was Sie üben wollten. Wenn Sie üben wollten, wie es sich anfühlt, den Text vergessen zu haben, dann ist Ihre Exposition gut verlaufen. Wenn Sie üben wollten, das Lied zu Ende zu singen, dann ist die Übung nur zum Teil geglückt. Was hat dazu geführt, dass Sie in einen Teufelskreis geraten sind? Vielleicht dachten Sie: Ich habe bestimmt gleich einen Blackout. Und haben dann in Gedanken angefangen, den Text zu kontrollieren, sodass Sie Ihre Konzentration verloren haben und tatsächlich einen Blackout bekamen? Dann üben Sie das nächste Mal, den Text absichtlich „nicht mehr zu wissen".

Vielleicht fällt Ihre intuitive Reaktion darauf just so aus: Beim nächsten Mal werde ich mich besser auf den Text vorbereiten. Das ist prima für Menschen, die keine Probleme mit dem Denken für andere haben. Aber ... wenn Sie gerade damit zu kämpfen haben, sollten Sie besser genau das tun, wovor Sie sich fürchten: mit Fehlschlägen umgehen! Dann wäre es für Sie gerade nicht angeraten, den Text beim nächsten Mal besser zu lernen. Sie sollten vielmehr gerade mit den Texten üben, die Sie nicht so gut können. Mit Texten, die Sie anderen zu Gehör bringen, bis Sie sich voll und ganz daran gewöhnt haben, dass Ihre Zuhörer irgendetwas über Sie denken, wenn Sie den Text vergessen haben. Machen Sie diese Expositionsübung in unterschiedlichen Situationen, bis Sie mit den Reaktionen und dem Unbehagen vertraut sind.

Achten Sie also gut darauf, dass Sie keine Vermeidungs-, sondern eine Expositionsstrategie anwenden. Vor allem, wenn Sie glauben, dass Ihnen etwas nicht gut gelungen ist. Nutzen Sie weiterhin Ihre Sinne statt Ihre Gedanken. Die Sinne arbeiten viel exakter als die Gedanken. Bitten Sie Ihren Helfer, sich eine Übung anzuschauen und Ihnen danach ein Feedback dazu zu geben, was er oder sie gesehen hat: dazu, wie Sie die Übung umgesetzt und wie die Umstehenden reagiert haben.

Nehmen Sie den Faden nach jeder Übung wieder auf. Evaluieren Sie kurz, wie es gelaufen ist: Haben Sie getan, was Sie tun wollten? Wenn es zu schwierig war und Sie die Übung abgebrochen haben, sollten Sie es sich beim nächsten Mal etwas leichter machen, sodass Sie schnell wieder ins Üben kommen. Wenn es zu leicht war und keine Anspannung aufgekommen ist, machen Sie die Übung schwieriger. Am besten ist es, viel, variantenreich und mit unterschiedlichsten Schwierigkeitsgraden zu üben. Aber wenn Sie vor der Wahl stehen, ob Sie es ganz sein lassen oder sich etwas einfachere Übungen vornehmen, sollten Sie sich natürlich für Letzteres entscheiden.

Evaluieren Sie Ihr Verhalten und nicht Ihr Gefühl oder sich selbst. Evaluieren Sie die Übung vor allem nicht anhand der Reaktionen anderer, sondern schätzen Sie ein, inwieweit es Ihnen gelungen ist, das zu tun, was Sie tun wollten. Wenn zum Beispiel jemand wütend auf Sie wurde und Sie der Tür verwiesen hat, bedeutet das keinesfalls, dass Ihre Übung fehlgeschlagen ist. Ganz im Gegenteil. Sie haben die Übung durchgeführt, die Sie sich vorgenommen haben, und konnten sogar üben, mit Ablehnung umzugehen. Notieren Sie sich, was Sie aus einer Übung gelernt haben.

Haben Sie die Evaluierung abgeschlossen? Dann finden Sie heraus, an welchem Punkt Sie immer noch für andere denken, und entwickeln Sie daraus eine neue Übung. So können Sie das Denken für andere besiegen. Je häufiger Sie in verschiedenen Situationen geübt haben, desto abgebrühter werden Sie sein. Schließlich werden Sie mit Ablehnung umgehen können.

Übung 3.4 Evaluieren

Was ist gut gelaufen?

Was könnte besser laufen?

Elin hat einen Monat lang versucht, keine Nachrichten per WhatsApp zu verschicken und möglichst viel in Anwesenheit anderer zu telefonieren. Ihre Übung hat sie zwischendurch des Öfteren kurz für sich selbst evaluiert. Jetzt will sie sich wirklich dafür Zeit nehmen. Sie liest ihre Notizen schnell durch und übernimmt das Schema aus der Übung 3.4 in ihr Notizbuch. Bei „Was ist gut gelaufen?" notiert sie:

- ich habe 22 Tage überhaupt keine Nachrichten über WhatsApp verschickt;
- ich habe viel telefoniert, auch wegen Angelegenheiten, wegen denen ich normalerweise nicht telefonieren würde;
- auch an einem Tag, an dem ich mich schlecht fühlte, habe ich telefoniert, während andere dabei waren;
- ich habe von der Arbeit aus in die Schule meiner Kinder angerufen, um etwas zu fragen;
- ich habe des Öfteren auf der Straße telefoniert;
- ich habe auch in der Schlange vor dem Kino telefoniert;
- ich war mir meiner Stimme oft sehr bewusst, habe aber trotzdem weitertelefoniert;
- ich habe während eines Telefonats bei der Arbeit im Großraumbüro zu einem Kollegen kurz gesagt, dass ich gleich zu ihm kommen werde;
- ich habe im Großraumbüro viel telefoniert;
- ich habe, während ich in einem Straßencafé saß, geübt, in Geschäften anzurufen und nach seltsamen Dingen zu fragen.

Bei „Was könnte besser laufen?" notiert sie:

- An vielen Tagen brachte ich nicht den Mut auf, zu üben. → Von nun an werde ich damit beginnen, mich zu bewegen / Sport zu treiben / spazieren zu gehen, denn das hilft.
- Bei der Arbeit fragte mich ein Kollege, ob ich zum Telefonieren woanders hingehen könnte. → Das ist eigentlich nichts, was in die Evaluation gehört, denn bei einer Evaluation betrachte ich mein eigenes Verhalten, und hier geht es ja um das Verhalten meines Kollegen.
- Am Anfang war ich ziemlich angespannt. → Das gehört auch nicht in die Evaluation: Beim Evaluieren geht es nicht darum, was mein Körper tut, sondern um mein eigenes Verhalten.

Übungen zur Konzentration auf eine Aufgabe

Wie Sie auf Seite 36 bereits lesen konnten, verfügen wir nur über ein begrenztes Maß an Aufmerksamkeit, das wir zwischen äußeren und inneren Reizen und der Aufgabe aufteilen müssen. Eine Aufgabe kann beispielsweise darin bestehen, mit jemandem über das Wetter zu reden. Die 100 Prozent Aufmerksamkeit, die Ihnen zur Verfügung stehen, sollten sich am besten folgendermaßen aufteilen: 80 Prozent für die Aufgabe, 10 Prozent für die inneren und 10 Prozent für die äußeren Reize. Menschen, die zu viel für andere denken, haben oft Schwierigkeiten, sich auf ein Gespräch zu konzentrieren. Was nicht überraschend ist, denn wenn Sie sich zu sehr damit befassen, was andere von Ihnen denken, können Sie Ihrer Aufgabe weniger Aufmerksamkeit schenken. Mit der hier vorgestellten Übung können Sie trainieren, wieder mehr Aufmerksamkeit auf Ihre Aufgabe zu richten.

Wenn Sie feststellen, dass Ihre Aufmerksamkeit für die Aufgabe in sozialen Situationen nachlässt, kann das daran liegen, dass Sie mehr darauf achten, was andere von Ihnen denken könnten. Beginnen Sie nun zu üben, der Aufgabe mehr Aufmerksamkeit zu widmen und dadurch inneren und äußeren Reizen weniger Beachtung zu schenken.[3]

Übung 3.5 Konzentration üben

Üben Sie am Anfang mit einer nicht allzu sozialen Aufgabe. Sie könnten beispielsweise die aktuellen Nachrichten im Radio, Fernsehen, Internet oder in der Zeitung verfolgen. Achten Sie ausdrücklich auf alle Ihre körperlichen Symptome: Schwitzen Sie? Erröten Sie? Schlägt Ihr Herz sehr schnell? Schreiben Sie dann (im Anschluss an die Nachrichten) auf, wie viel von Ihrer Aufmerksamkeit auf innere Reize, wie viel auf äußere Reize und wie viel auf die Aufgabe gerichtet war. Die drei Prozentsätze sollten sich zu 100 addieren.

Führen Sie dasselbe mit anderen Nachrichten durch und konzentrieren Sie sich bewusst auf äußere Reize, zum Beispiel auf die Möbel oder die Kleidung, die Sie tragen. Notieren Sie noch einmal die drei Aufmerksamkeitsprozentsätze.

Tun Sie das Gleiche noch einmal, aber konzentrieren Sie sich nun auf die eigentliche Aufgabe, die Nachrichten zu verfolgen. Klappt das gut? Dann versuchen Sie mal, zwischen inneren und äußeren Reizen und der Aufgabe hin- und herzuwechseln. Auf diese Weise lernen Sie, Ihre Aufmerksamkeit bewusst zu fokussieren.

Anschließend üben Sie mit allen möglichen anderen Aufgaben. Zum Beispiel:

- Hören Sie sich ein Musikstück an und achten Sie auf bestimmte Instrumente.
- Gehen Sie auf die Straße und schauen Sie sich die Farben und Marken der Autos an.
- Schauen Sie sich im Bus die Kleidung der Fahrgäste an.
- Fragen Sie einen Ladenbesitzer nach detaillierten Informationen zu einem Produkt.
- Erzählen Sie einem Freund, was Sie gestern gegessen haben.
- Erzählen Sie einem Kollegen etwas über Ihr Wochenende.
- Erklären Sie jemandem, wie etwas funktioniert.
- Halten Sie Ihren Nachbarn einen kleinen Vortrag.
- Singen Sie auf der Straße.
- Rufen Sie einen Freund an, mit dem Sie lange nicht gesprochen haben, und fragen Sie, wie es ihm geht.
- Und so weiter.

Vielleicht ist Ihnen aufgefallen, dass ich sowohl Zuhör- als auch Erzählübungen genannt habe. Sie können diese Übungen mit Ihrer Liste von Expositionsübungen kombinieren. Auf diese Weise üben Sie sich darin, Ihre Aufmerksamkeit weniger auf Ihr Inneres („das, was sich in Ihrem Kopf abspielt") und mehr auf die Aufgabe zu konzentrieren. Verfolgen Sie Ihre Aufgabe konzentriert und versuchen Sie, sich selbst und andere so wenig wie möglich zu beobachten oder zu kontrollieren.

Wilma möchte ihre Angst angehen, sich auf eine Stelle zu bewerben. Sie hat bemerkt, dass sie sich oft nicht gut konzentrieren kann, wenn jemand – und sei's ein guter Freund – anfängt, über die Arbeit zu reden. Sie fühlt sich dann schnell beurteilt und verliert daher gelegentlich den Gesprächsfaden. Manchmal versucht sie schnell, ein anderes Thema anzuschneiden. Sie fragt zum Beispiel interessiert nach, um nicht weiter über ihre Arbeit erzählen zu müssen.

Nun gibt es eine freie Stelle für eine Position, die Wilma interessieren könnte. Sie spürt, wie die Anspannung wächst, wenn Sie nur daran denkt, sich für die Stelle zu bewerben. Um ihrer Unsicherheit Herr zu werden, will Wilma üben, sich auf eine Aufgabe zu konzentrieren. Zunächst lädt sie eine Freundin ein, in einem Straßencafé etwas mit ihr zu trinken. Bei der Gelegenheit übt sie, von ihrer Arbeit zu erzählen. Sie wendet „Aufgabenkonzentration“ an: Sobald sie merkt, dass ihre Aufmerksamkeit nachlässt, konzentriert Sie sich wieder auf das Gesprächsthema. Sie erzählt ihrer Freundin von ihren Bewerbungsplänen und verabredet mit ihr, beim nächsten Treffen das Bewerbungsgespräch in einem Rollenspiel zu üben. Außerdem trifft sie Verabredungen mit Freundinnen, um sie um ihr Feedback zu ihrem Bewerbungsschreiben zu bitten.

Umfrage

Eine weitere Übung von #Lsdwsw ist die Umfrage. Dabei fragen Sie Menschen, wie sie über den Wenn-Teil Ihres Denkens für andere denken. Besagt Ihr „Wenn-dann-Gedanke beispielswiese: „Wenn ich angespannt aussehe, halten mich andere für unfähig“, dann fragen Sie die Leute, ob sie schon einmal jemanden gesehen haben, der angespannt aussah, und was sie in dem Moment von demjenigen dachten. Die Antworten notieren Sie dann wörtlich.

Übung 3.6 Eine Umfrage durchführen

Nun geht es darum, Leute zu befragen. Das können beispielsweise Menschen auf der Straße sein. Versuchen Sie nicht, bestimmte Personen auszuwählen, sondern fragen Sie einfach die erstbeste Person, die Ihnen über den Weg läuft. Begrüßen Sie sie und fragen Sie, ob Sie ihr einige Fragen stellen dürfen.
Wenn jemand nachfragt, wozu die Umfrage dient, können Sie selbst entscheiden, was Sie sagen. Lügen Sie nicht, aber überlegen Sie sich, inwieweit Sie auf die Frage eingehen möchten. Es gibt unterschiedliche Antwortmöglichkeiten:

- Ich führe eine Umfrage aus persönlichem Interesse durch.
- Ich bin daran interessiert, was Menschen denken.

- Ich bemühe mich gerade darum, mir weniger Gedanken darüber zu machen, was andere denken.
- Ich glaube, die Leute halten mich für unfähig, wenn ich nach Worten ringe, ich möchte aber herausfinden, was die Leute wirklich denken.
- Diese Umfrage ist eine Übung aus diesem Buch (zeigen Sie ihnen das Buch #Lsdwsw).

In Ihren Antworten auf diese Frage sind Sie ebenso frei wie die von Ihnen Befragten in ihren Reaktionen. Stellen Sie nun folgende Fragen:

- Haben Sie schon einmal jemanden gesehen, der angespannt aussah?
  Wenn ja:
  - Was dachten Sie dann?

  Wenn nein:
  - Angenommen, Sie würden jemanden sehen, der angespannt aussieht, was würden Sie dann denken?

Hören Sie sich die Antwort sehr aufmerksam an. Halten Sie sie eventuell sofort in Ihrem Notizheft fest. Bedanken Sie sich dann und gehen Sie dazu über, die nächste Person zu interviewen.
Manchmal ist es allerdings notwendig, das Interview nicht so schnell zu beenden und noch weitere Fragen zu stellen. Hören Sie sich das Gesagte genau an und versuchen Sie, noch weiter nachzubohren. Als Leitfaden dafür können Sie die Denkfehler von Seite 41 zu Hilfe nehmen. Sie können beispielsweise fragen: Finden Sie es ärgerlich, wenn jemand angespannt aussieht? Wenn jemand eine Präsentation hält und angespannt aussieht, halten Sie das dann für eine schlechte Präsentation? Wenn Sie jemanden sehen, der angespannt aussieht, halten Sie diese Person dann für inkompetent? Glauben Sie, dass diese Person dann schwach ist? Würden Sie über diese Person herziehen? Notieren Sie alle Antworten.
Diese Interviewfragen lassen sich auf jedwede Art von Wenn-dann-Gedanken zuschneiden. Andere Fragen sind beispielsweise: Haben Sie jemals jemanden gesehen, der etwas Dummes gesagt hat? Haben Sie jemals jemanden erlebt, der einen Fehler gemacht hat? Haben Sie schon einmal jemanden gesehen, der rot wurde? Haben Sie schon einmal jemanden zittern sehen?

Elin möchte gern herausfinden, inwieweit es stimmt, dass andere sie für dumm halten, wenn sie Rechtschreibfehler begeht, oder ob sie es seltsam finden, wenn sie zittert. Sie erstellt einen Interviewplan:

„Ist Ihnen schon einmal ein Rechtschreibfehler aufgefallen? Was dachten Sie damals?"
„Haben Sie danach anders über die Person gedacht, die den Rechtschreibfehler begangen hat, wenn ja, wie?"
„Haben Sie schon einmal jemanden zittern sehen? Was dachten Sie damals?"
„Hielten Sie diese Person für unfähig?"

Dann geht Elin mit ihrem Mann in eine belebte Einkaufsstraße, um dort Passanten diese Fragen zu stellen. Sie halten die Antworten sorgfältig fest. Elin fällt auf, dass die Leute überhaupt nicht negativ über Personen denken, die zittern oder Rechtschreibfehler begehen. Die meisten von ihnen zeigen Verständnis, und viele sagen, dass auch ihnen selbst oft Rechtschreibfehler unterlaufen. Jemand sagte auch, dass man niemanden aufgrund von Rechtschreibfehlern beurteilen sollte, denn damit bekomme man einen falschen Eindruck von der Person.
Auf die Frage nach dem Zittern geben die Passanten unterschiedliche Antworten: Die Bandbreite reicht von Parkinson bis Nervosität. Ein Mann vermutete, dass das Zittern mit einem Alkoholproblem zu tun haben könnte. Und nicht wenige Leute wollten der zitternden Person gerne helfen.
Es gab auch Passanten, die die Fragen nicht beantworten wollten. Das empfand Elin zunächst als Zurückweisung, später aber fand sie es nur bedauerlich. Elins Mann gab ihr die Ergebnisse seiner Umfragen; sie besprachen sie gemeinsam. Letztendlich fanden sie die Übung ziemlich lustig.

Machen Sie mal etwas anders!

Wissenschaftler haben nachgewiesen, dass man sein Denken für andere am besten eindämmt, wenn man verschiedene Expositionsformen wählt. Versuchen Sie daher, viel und abwechslungsreich zu üben:

- Üben Sie anhand verschiedener Wenn-dann-Gedanken: zum Beispiel Gedanken über Situationen, in denen man zittert, Schweißflecken hat, etwas Dummes sagt, sich ungeschickt verhält, eine Gesprächspause entsteht, man etwas fallen lässt, Kritik übt, zu lange redet usw.

- Variieren Sie innerhalb eines Wenn-dann-Gedankens: Üben Sie zum Beispiel mit Variationen zum Thema „etwas Dummes sagen". Sagen Sie am Abend „Guten Morgen", fragen Sie jemanden, wo der Bürgersteig ist, gehen Sie auf eine öffentliche Toilette und fragen Sie, wo die Toiletten sind, stellen Sie sich auf eine Rolltreppe und fragen Sie jemanden, wo die Rolltreppe ist.
- Üben Sie so viel wie möglich, sowohl privat und bei Ihrer Arbeit.
- Üben Sie sowohl an Tagen, an denen Sie sich gut fühlen, als auch an Tagen, an denen Sie sich schlecht fühlen.
- Üben Sie in gewohnter und in ungewohnter Umgebung.
- Üben Sie allein, mit Ihrem Helfer oder mit anderen.
- Machen Sie sowohl schwierige als auch leichte Übungen.

Üben Sie also viel und variationsreich: Je mehr Sie in die Übungen investieren, desto mehr werden Sie davon profitieren.

Vincent denkt oft, dass ihn andere nicht ernst nehmen – das möchte er ändern. Bisher hat er alles Mögliche unternommen, damit man ihn ernst nimmt: Er ist immer tadellos gekleidet, kommt zu jeder Verabredung überpünktlich, hat für andere immer ein gutes Wort, und in Seminaren macht er immer fleißig seine Hausaufgaben. Doch mittlerweile steht er stark unter Anspannung. Ihm ist klargeworden, dass ihn seine Vorstellung, manches unbedingt zu müssen, ziemlich belastet (siehe auch Abschnitt „das heilige Müssen", Seite 46).
Nun will Vincent einen anderen Kurs einschlagen. Er überlegt, ob er nicht vielleicht weiterkommt, wenn er absichtlich gerade Dinge tut, die dazu führen, dass die anderen ihn nicht ernst nehmen? Ob er auf diese Weise wohl etwas lernen könnte? Könnte er zum Beispiel lernen, mit Situationen umzugehen, in denen ihn andere nicht ernst nehmen? Würde er so mehr Ruhe und Selbstvertrauen gewinnen, so dass er sich nicht „jedes Mal erneut anstrengen muss"? Er entwirft alle möglichen Übungen, um Ablehnung zu provozieren. Er will andere genau dazu provozieren, wovor er sich fürchtet: dazu, ihn nicht ernst zu nehmen. Vincent erstellt folgenden Plan:

Plan:

- Auf ein Grundbuchamt gehen und fragen, was eine Hypothek ist.
- In einen Gemüseladen gehen und sagen, dass man keine Ahnung von Gemüse hat, aber gerne etwas darüber lernen möchte. Was ist zum Beispiel eine Gurke, und wie sieht sie aus? Und wie sieht eine Tomate aus? Usw.
- Sich ein anspruchsvolles Buch nehmen und einen Passanten auf der Straße bitten, zu helfen, weil man nicht lesen kann.
- In ein teures Restaurant gehen und sagen, dass man noch nie in einem Restaurant war, aber gerne einmal fragen will, ob man mal ein paar Gerichte kosten könnte.
- Auf den Markt gehen und einen Artikel aussuchen, der sehr billig ist, z. B. eine Karotte, und dann den zehnfachen Preis zahlen (wenn man es sich leisten kann), und sagen, dass der Artikel seiner Meinung nach viel mehr wert sei.
- In ein Geschäft gehen, sich einen billigen Artikel aussuchen, an der Kasse sagen, dass man nicht genug Geld hat. Versuchen zu verhandeln, um den Preis zu drücken.
- In eine belebte Einkaufsstraße gehen, mit großen Bögen Verpackungsmaterial oder Kartons, mit Knöpfen oder Münzen. Dort alles fallen lassen und es sehr ungeschickt wieder aufheben.
- Die Leute auf der Straße fragen, ob sie 100 Euro haben.

Farbe bekennen: Sich der Ablehnung aussetzen

Es ist schon zur Sprache gekommen: das Üben mit Ablehnung. Die erste Reaktion meiner Klienten darauf ist oft: „Aber ist das nicht kontraproduktiv?“ Prof. Dr. Stefan Hofmann und seine Kollegen von der Universität Boston haben die Auswirkungen dieser Übungen erforscht.[4] Eine „mishap exposure“ (auf Deutsch: soziale Missgeschicksexposition) ist eine Übung, bei der man absichtlich gegen gesellschaftliche Umgangsformen verstößt, und deshalb Ablehnung erfährt. Man tut etwas Unangemessenes oder Ungehöriges. Wichtig dabei ist, dass es mit Absicht getan wird. Es besteht nämlich ein Unterschied zwischen der Ablehnung, die einem widerfährt, und der Ablehnung, die man absichtlich hervorruft.

Übung 3.7 Ablehnung hervorrufen

Wenn Sie sich darin üben, absichtlich Ablehnung zu erwirken, können Sie besser mit Ablehnung umgehen, wenn sie Ihnen begegnet. Sie lernen, die Folgen von Ablehnung realistisch zu betrachten. Möchten Sie diese Übung durchführen? Dann suchen Sie nach etwas, das gegen die gewöhnlichen Umgangsformen verstößt. So erhöhen Sie die Wahrscheinlichkeit, auf Ablehnung zu stoßen und damit auch die Chance, damit umgehen zu lernen. Zum Beispiel:[5]

- Fragen Sie jemanden auf der Straße „Wissen Sie, wo die …" und sagen dann nichts mehr. Sie schweigen so lange, bis Ihnen die Situation langweilig wird oder die andere Person beispielsweise weggeht.
- Gehen Sie mit einem Stück Toilettenpapier auf der Rückseite Ihrer Hose die Straße entlang und stellen Sie sicher, dass es die Leute sehen.
- Bitten Sie die Passanten auf der Straße um zwanzig Euro.
- Gehen Sie in einer belebten Einkaufsstraße rückwärts.
- Tragen Sie Ihr Hemd oder Ihre Jacke auf links oder falsch zugeknöpft. Schauen Sie dann den Menschen in die Augen, während Sie mit ihnen sprechen.
- Kaufen Sie etwas Peinliches wie Kondome und zählen Sie an der Kasse ganz kleine Münzen ab. Sagen Sie dann, sie hätten nicht genug Geld dabei und gehen Sie.
- Bitten Sie die Leute, Ihnen beim Binden Ihrer Schnürsenkel zu helfen, obwohl Sie Schuhe ohne Schnürsenkel tragen.
- Singen Sie „O Tannenbaum" in einer belebten Einkaufsstraße oder an einer Bushaltestelle.
- Gehen Sie in ein Restaurant, bestellen Sie ein Glas Wasser, stoßen Sie das Glas um, stellen Sie es wieder hin und bleiben Sie sitzen.
- Fragen Sie Leute an einem markanten Ort (z.B. vor dem Rathaus), wo dieser Ort ist („Wo ist der Rathausplatz?").
- Gehen Sie in einen guten Buchladen und bitten Sie um eine ausführliche Beratung zu Büchern über das Kamasutra und Orgasmen. Kaufen Sie die Ihnen empfohlenen Bücher und bringen Sie sie gleich wieder zurück.
- Erzählen Sie Fremden Witze, während Ihr Haar seltsam zerzaust ist und Sie ein paar Pflaster im Gesicht haben.

- Singen oder tanzen Sie auf der Straße oder in öffentlichen Verkehrsmitteln und tragen Sie dabei auffallende Kleidung.
- Gehen Sie in ein Hotel und erkundigen Sie sich dort ausführlich nach speziellen Angeboten für verliebte Paare, zum Beispiel romantischen Honeymoon-Arrangements mit Massagen auf dem Zimmer, Sauna, Pferdekutsche usw. Buchen Sie ein solches Arrangement und stornieren Sie es gleich wieder und geben als einzigen Grund an, dass Sie Ihre Meinung geändert haben.
- Gehen Sie an allen Tischen eines Restaurants vorbei und fragen Sie nach Klaas Hoekstra.
- Sagen Sie in einem Buchladen zu jemandem, dass Sie nicht lesen können, und bitten Sie diese Person, Ihnen den Klappentext eines Buches vorzulesen.
- Gehen Sie auf eine Gruppe von Gästen am Tisch eines Restaurants zu und fragen Sie, ob Sie bei ihnen eine Rede üben können.
- Gehen Sie in ein Restaurant, unterbrechen Sie die Gäste und fragen Sie, ob jemand einen grünen Peugeot hat, denn der würde gerade abgeschleppt.

Bitte lesen Sie sich kurz die Anleitung „Wie weit gehen Sie?“ auf Seite 70 durch, bevor Sie beginnen. Üben Sie wieder in Variationen, bis Sie sich an das Gefühl der Ablehnung gewöhnt haben. Und bis Sie klar gesehen haben, wie andere und Sie selbst reagieren. Das bedeutet: Machen Sie verschiedene Übungen zu verschiedenen Zeiten, an verschiedenen Orten, auf verschiedene Weisen, allein oder gemeinsam mit anderen. Üben Sie auch dann von Zeit zu Zeit weiter, wenn Sie weniger für andere denken. So stärken Sie weiterhin Ihr Selbstvertrauen. Stellen Sie sich selbst kritische Fragen, wenn Sie für andere denken: Wie wahrscheinlich ist es, dass ich abgelehnt werde? Was ist das Schlimmste, was mir passieren kann? Ist es eine Katastrophe? Angenommen, das Schlimmste würde passieren, wie könnte ich damit umgehen? Würde sich mein Leben danach ändern, wenn ja, wie?

Merken Sie, dass Ihr Denken für andere langsam abebbt, wenn Sie sich diese Fragen selbst beantworten? Und dass Ihr Selbstvertrauen wächst? Sie lassen Ihr Verhalten nicht mehr von Ihrem Denken für andere und Ihrer Anspannung bestimmen.

Auf YouTube finden Sie Videos derartiger Expositionsübungen. Suchen Sie nach „schamteoefening volgens Albert Ellis, uitgevoerd door Coen Winkelman“ (www.youtube.com/watch?v=v22uH5YfVps). Oder suchen Sie nach „shame attack exercise“. Es gibt auch Fernsehsendungen und zahlreiche andere Videos im Internet, in denen Menschen absichtlich peinliche Dinge tun.[6] Dabei geht es nicht immer darum, das Denken für andere in den Griff zu bekommen, sondern einfach darum, sich durch einen Stunt hervorzutun oder einfach nur eine lustige Sendung zu machen. Diese Programme zeigen, wie Menschen auf manchmal bizarre Situationen reagieren.

Wilma hat schon viele Expositionsübungen durchgeführt. Sie hat sich Übungen ausgedacht, die andere dazu provozieren, sie für dumm zu halten:

- Zu einem Vortrag über den Zweiten Weltkrieg gehen und fragen, in welchem Jahrhundert dieser Krieg eigentlich stattgefunden hat,
- in einen Kopierladen gehen und um Hilfe beim Kopieren von ein paar DIN-A4-Seiten bitten;
- am Bahnhof auf den Bahnsteig des Zuges nach Rotterdam gehen und jemanden fragen, wo der Zug nach Rotterdam steht;
- mit einem offenen Regenschirm die Straße entlanggehen, obwohl es gar nicht regnet;
- in einem Café fragen, ob man sich lieber für Tee oder Kaffee entscheiden soll, und sagen, dass man noch nie Tee oder Kaffee getrunken hat;
- an einer Kasse, an der eine lange Schlange steht, das Wechselgeld sehr langsam zählen, sich dabei verzählen und sagen, dass man nicht rechnen könne.

Anschließend macht sich Wilma auf den Weg, um diese Übungen durchzuführen. Das fällt ihr anfangs nicht leicht. Aber sie hält durch. Sie merkt, dass sich ihre Wenn-dann-Gedanken immer wieder melden, doch sie lässt sich davon nicht beeindrucken. Sie denkt: Wenn ich so viel Dummes getan habe, habe ich nichts mehr zu verlieren.
sie zieht ihre Übungen über einige Wochen durch. Mit der Zeit gelangt sie zu der Einstellung, dass andere doch denken sollen, was sie wollen. sie fühlt sich freier und merkt, dass sie weniger unter dem Denken für andere leidet.

Haben Sie noch nicht genug geübt? Dann habe ich hier noch ein paar nette Übungen für Sie: das „Gedankenjonglieren“ und den „Gedankensalat“. Im Folgenden erkläre ich Ihnen, was ich damit meine. Laden Sie ruhig Ihren Helfer dazu ein, denn diese Übungen kann man gut zu zweit machen.

Gedankenjonglieren

Bei Jonglieren denken Sie vielleicht an einen Zirkus. An jemanden, der Bälle in die Luft wirft und sie wieder auffängt. Aber wussten Sie, dass man auch mit Gedanken jonglieren kann? Wenn Sie Ihre Gedanken auf spielerische Weise verändern können, wird Ihr Denken für andere weniger Einfluss auf Sie ausüben. Das lernen Sie hier. Ein Beispiel:

- Wenn ich etwas Dummes sage, dann denkt mein Chef, ich sei ungeeignet.
- Wenn ich etwas Dummes sage, dann denkt mein Chef, ich sei **geeignet**.
- Wenn ich etwas Dummes sage, dann denkt mein Chef, er **selbst** sei ungeeignet.
- Wenn ich etwas Dummes sage, dann denkt mein Chef, er selbst sei geeignet.
- Wenn ich etwas Dummes sage, dann denke **ich**, ich sei ungeeignet.
- Wenn ich etwas Dummes sage, dann denke ich, ich sei geeignet.
- Wenn ich etwas Dummes sage, dann denke ich, mein Chef sei ungeeignet.
- Wenn ich etwas Dummes sage, dann denke ich, mein Chef sei geeignet.
- Wenn ich etwas **Kluges** sage, dann denkt mein Chef, ich sei ungeeignet.
- Wenn ich etwas Kluges sage, dann denkt mein Chef, ich sei geeignet.
- Wenn ich etwas Kluges sage, dann denkt mein Chef, er selbst sei ungeeignet.
- Wenn ich etwas Kluges sage, dann denkt mein Chef, er selbst sei geeignet.
- Wenn ich etwas Kluges sage, dann denke ich, ich sei ungeeignet.
- Wenn ich etwas Kluges sage, dann denke ich, ich sei geeignet.
- Wenn ich etwas Kluges sage, dann denke ich, mein Chef sei ungeeignet.
- Wenn ich etwas Kluges sage, dann denke ich, mein Chef sei geeignet.
- Wenn **mein Chef** etwas Dummes sagt, dann denkt mein Chef, ich sei ungeeignet.
- Wenn mein Chef etwas Dummes sagt, dann denkt mein Chef, ich sei geeignet.

- Wenn mein Chef etwas Dummes sagt, dann denkt mein Chef, er selbst sei ungeeignet.
- Wenn mein Chef etwas Dummes sagt, dann denkt mein Chef, er selbst sei geeignet.
- Wenn mein Chef etwas Dummes sagt, dann denke ich, ich sei ungeeignet.
- Wenn mein Chef etwas Dummes sagt, dann denke ich, ich sei geeignet.
- Wenn mein Chef etwas Dummes sagt, dann denke ich, mein Chef sei ungeeignet.
- Wenn mein Chef etwas Dummes sagt, dann denke ich, mein Chef sei geeignet.
- Wenn mein Chef etwas Kluges sagt, dann denkt mein Chef, ich sei ungeeignet.
- Wenn mein Chef etwas Kluges sagt, dann denkt mein Chef, ich sei geeignet.
- Wenn mein Chef etwas Kluges sagt, dann denkt mein Chef, er selbst sei ungeeignet.
- Wenn mein Chef etwas Kluges sagt, dann denkt mein Chef, er selbst sei geeignet.
- Wenn mein Chef etwas Kluges sagt, dann denke ich, ich sei ungeeignet.
- Wenn mein Chef etwas Kluges sagt, dann denke ich, ich sei geeignet.
- Wenn mein Chef etwas Kluges sagt, dann denke ich, mein Chef sei ungeeignet.
- Wenn mein Chef etwas Kluges sagt, dann denke ich, mein Chef sei geeignet.

Hübsch, nicht wahr? Allein die Variation von zwei Wahlmöglichkeiten an fünf Stellen liefert Ihnen 32 verschiedene Gedanken. Suchen Sie für die Richtigkeit jedes Gedankens nun möglichst viele Gründe. Zum Beispiel: Wenn ich etwas Dummes sage, dann denkt mein Chef, ich sei geeignet, weil:

- er es clever findet, wenn man sich etwas Dummes zu sagen wagt;
- er möchte, dass die Leute in seiner Firma offen und transparent miteinander kommunizieren;
- er das, was ich sage, nicht dumm, sondern klug findet;
- ihm dadurch bewusst wird, was wir im Unternehmen besser nicht tun sollten;

- ihm dadurch bewusst wird, was wir im Unternehmen besser tun sollten;
- es während der Sitzung das Eis bricht;
- er einem Mitarbeiter eine Gehaltserhöhung gewährt hat, der viel dummes Zeug redet;
- er meine Kollegialität schätzt; das hat er schon häufiger gesagt und unabhängig davon, ob ich etwas Dummes sage oder nicht.

Anschließend suchen Sie Gründe für den Gedanken: Wenn ich etwas Dummes sage, dann hält mein Chef sich selbst für ungeeignet, weil:

- er sich ohnehin für ungeeignet hält;
- er oft nervös ist;
- er selbst oft nicht den Mut hat, Risiken einzugehen;
- er über seinen eigenen Redebeitrag nachdenkt und nicht zuhört;
- er denkt, er habe ungeeignete Mitarbeiter unter sich, weil er selbst ungeeignet ist;
- er die Dinge häufig auf sich selbst bezieht.

Übung 3.8 Gedankenjonglieren

Notieren Sie zunächst Ihre Wenn-dann-Gedanken, zum Beispiel: Wenn ich etwas Dummes sage, dann hält mich mein Chef für ungeeignet. Schreiben Sie dann alle möglichen Variationen dieses Satzes in Bezug darauf auf:

- was Sie tun oder nicht tun (etwas Kluges sagen / etwas Dummes sagen);
- wer etwas tut (wenn ich … / wenn mein Chef …);
- wer etwas denkt (dann denke ich … / dann denkt mein Chef …);
- über wen etwas gedacht wird (ich / mein Chef);
- was gedacht wird (ist ungeeignet / ist geeignet).

Denken Sie sich nun Gründe aus, warum diese unterschiedlichen Gedanken richtig sein könnten. Gerade bei den ungewöhnlichsten Gedanken ist es nützlich, nach allen möglichen Gründen und Überlegungen für die Richtigkeit der Gedanken zu suchen. Wenn Sie das oft üben, werden Sie erstaunt sein, wie gut Sie in der Lage sind, Ihr Denken über ein und dieselbe Situation zu variieren.

Vincent macht sich ans Gedankenjonglieren. In sein Übungsheft notiert er folgende Wenn-dann-Gedanken in einer Tabelle:

Wenn ich	erröte	dann denken Leute	ich sei	unzuverlässig
Wenn Leute	erröten	dann denken Leute	ich sei	unzuverlässig
Wenn ich	nicht erröte	dann denken Leute	ich sei	unzuverlässig
Wenn Leute	nicht erröten	dann denken Leute	ich sei	unzuverlässig
Wenn ich	erröte	dann denke ich	ich selbst sei	unzuverlässig
Wenn Leute	erröten	dann denke ich	ich selbst sei	unzuverlässig
Wenn ich	nicht erröte	dann denke ich	ich selbst sei	unzuverlässig
Wenn Leute	nicht erröten	dann denke ich	ich selbst sei	unzuverlässig
Wenn ich	erröte	dann denken Leute	sie selbst seien	unzuverlässig
Wenn Leute	erröten	dann denken Leute	sie selbst seien	unzuverlässig
Wenn ich	nicht erröte	dann denken Leute	sie selbst seien	unzuverlässig
Wenn Leute	nicht erröten	dann denken Leute	sie selbst seien	unzuverlässig
Wenn ich	erröte	dann denke ich	sie seien	unzuverlässig
Wenn Leute	erröten	dann denke ich	sie seien	unzuverlässig
Wenn ich	nicht erröte	dann denke ich	sie seien	unzuverlässig
Wenn Leute	nicht erröten	dann denke ich	sie seien	unzuverlässig
Wenn ich	erröte	dann denken Leute	ich sei	zuverlässig

Wenn Leute	erröten	dann denken Leute	ich sei	zuverlässig
Wenn ich	nicht erröte	dann denken Leute	ich sei	zuverlässig
Wenn Leute	nicht erröten	dann denken Leute	ich sei	zuverlässig
Wenn ich	erröte	dann denke ich	ich selbst sei	zuverlässig
Wenn Leute	erröten	dann denke ich	ich selbst sei	zuverlässig
Wenn ich	nicht erröte	dann denke ich	ich selbst sei	zuverlässig
Wenn Leute	nicht erröten	dann denke ich	ich selbst sei	zuverlässig
Wenn ich	erröte	dann denken Leute	sie selbst seien	zuverlässig
Wenn Leute	erröten	dann denken Leute	sie selbst seien	zuverlässig
Wenn ich	nicht erröte	dann denken Leute	sie selbst seien	zuverlässig
Wenn Leute	nicht erröten	dann denken Leute	sie selbst seien	zuverlässig
Wenn ich	erröte	dann denke ich	sie seien	zuverlässig
Wenn Leute	erröten	dann denke ich	sie seien	zuverlässig
Wenn ich	nicht erröte	dann denke ich	sie seien	zuverlässig
Wenn Leute	nicht erröten	dann denke ich	sie seien	zuverlässig

Nun denkt er sich alle möglichen Argumente für diese Aussagen aus. Dazu zerbricht er sich ganz schön den Kopf, aber es gelingt ihm, für alle Aussagen Argumente zu finden. Für ihn ist das Jonglieren mit Gedanken ein lustiges Spiel, das er gerne mit einem Freund spielt. Dabei versuchen sie, sich gegenseitig bei der Suche von Argumenten für die bizarrsten Gedanken auszustechen.

Vincent merkt, dass er die Dinge immer besser relativieren kann. Er denkt nun häufiger, dass es wenig nützt, für andere zu denken. Schließlich kann man alles Mögliche denken und andere Menschen ebenso. Außerdem ist Vincent aufgefallen, dass er viel bessere Leistungen bringt, wenn er sich nicht mehr so sehr mit den Gedanken anderer beschäftigt. Er hat den Kopf freier. Sein Selbstvertrauen wächst von Tag zu Tag. Er hat mehr Energie und erreicht mehr. Mit dem spielerischen Durchwandern so vieler Gedankenwindungen ist seine Anspannung verflogen. Was andere denken, kümmert ihn jetzt nicht mehr so sehr.

Gedankensalat

Bei der Übung „Gedankensalat" suchen Sie möglichst viele Erklärungen für eine bestimmte Situation.[7] Beispielhaft soll eine Situation stehen, in der ein Chef zu einem Mitarbeiter sagt, dass er mit seiner Arbeit unzufrieden ist.

Dazu könnte sich der Mitarbeiter allerlei Gedanken machen. Etwa die folgenden:

- Er will mich entlassen.
- Er ist nie zufrieden.
- Er hat Angst, Kunden zu verlieren.
- Er findet, dass ich in meinem Job sehr gut bin, doch er fordert Perfektion.
- Er hat schlecht geschlafen.
- Wenn er mich entlässt, werde ich schnell wieder Arbeit finden.
- Ich bin zufrieden mit meiner Arbeit.
- Das ist nur ein Detail.
- Meinem Chef werde ich es schon noch zeigen.
- Solange die Sandwiches in der Mittagspause gut sind, ist es mir egal, was mein Chef denkt.
- Solange er mich bezahlt, ist es mir egal, was er von meiner Arbeit hält.
- Wenn er mich entlässt, bekomme ich Arbeitslosengeld, also halb so schlimm.
- Ich werde meine Arbeit besser machen, das ist für alle gut.

- Daran kann ich nichts ändern, das hat mit anderen Dingen zu tun.
- Die Situation ist ernst, und alle werden über mich herziehen.
- Das macht nichts, ich kann prima damit umgehen.
- Es ist ärgerlich, aber es hat auch positive Seiten.
- Mein Chef unterstützt mich immer, auch jetzt.
- Mein Chef unterstützt mich immer, aber nun ist das Maß voll und er lässt mich fallen.
- Mein Chef unterstützt mich nie, aber diesmal schon.
- Mein Chef unterstützt mich nie und auch diesmal nicht.
- Mein Chef ist verrückt.
- Ich bin verrückt, wenn ich hier weiterarbeite.
- Ich bin verrückt, wenn ich das Feedback meines Chefs nicht nutze.
- Kritisiert zu werden, ist menschlich.
- Ich bin der Einzige an meinem Arbeitsplatz, der derartig kritisiert wird.
- Ich bin der Einzige auf der Welt, der derartig kritisiert wird.
- Wir hatten aber auch einen sehr schwierigen Kunden.
- Nächste Woche bin ich im Urlaub.
- Nächste Woche habe ich eine schöne Aufgabe vor mir.
- Schon merkwürdig, wie sich Chefs manchmal verhalten.
- Schon merkwürdig, wie ich auf meinen Chef reagiere.
- Mein Chef macht nur seinen Job.
- Das ist Teil der Arbeit, das ist nicht Besonderes.
- Mein Chef ist sehr besorgt um mein Wohlergehen und möchte mir helfen.
- Mein Chef ist überhaupt nicht an mir interessiert.
- Mein Chef denkt nur ans Geld.
- Mein Chef denkt nur an sich selbst.
- Ich denke nur ans Geld.
- Ich denke nur an mich selbst.
- Mein Chef will mich befördern und will mich zuerst testen.
- Und so weiter.

Merken Sie, dass Ihnen von all diesen Gedankengängen fast schwindlig wird? Genau das ist der Sinn der Sache. So lernen Sie, mit Ihren Gedanken umzugehen. Durch diese Übung lernen Sie, Ihren Gedanken weniger Bedeutung beizumessen.

Übung 3.9 Gedankensalat

Stellen Sie sich eine bestimmte Situation vor, in der Sie Probleme mit Ihrem Denken für andere haben. Schreiben Sie diese Situation auf. Was könnten Sie dabei noch denken? Versuchen Sie, so viele Gedanken wie möglich zu entwickeln. Gedanken, die Sie wütend machen, und Gedanken, die Sie glücklich machen, Gedanken, die Sie traurig machen, und Gedanken, die Ihnen Angst machen. Einfach alles, was Ihnen einfällt. Sie können bis ins Unendliche Gedanken formulieren. Schreiben Sie sie alle in ein Notizbuch. Bereiten Sie daraus einen großen, schön gemischten Gedankensalat zu.

Wie das Jonglieren mit Gedanken zeigt auch diese Übung, dass man sich über eine Situation sehr unterschiedliche Gedanken machen kann. Wenn Sie viel üben, werden Sie lernen, die Relativität Ihrer Gedanken zu erkennen. Ihre Gedanken werden Sie immer weniger daran hindern, die Dinge zu tun, die Sie gerne tun möchten: eine Weltreise zu unternehmen, etwas Neues zu lernen, eine Rede zu halten usw. Lass sie denken, was sie wollen!

#Lsdwsw-Plus – auf dem Weg zu einer dickeren Haut

Könnten Sie eine zusätzliche Herausforderung gebrauchen? Dann ist „#Lsdwsw-Plus" sicherlich etwas für Sie. Bei #Lsdwsw-Plus üben Sie nicht nur, Ablehnung zu provozieren, sondern Sie denken speziell daran, wovor Sie sich fürchten: daran, dass die Leute Sie für dumm, langweilig oder inkompetent halten. Auf diese Weise legen Sie sich eine dickere Haut zu.

Wie gelingt Ihnen das?

Schritt 1: Entscheiden Sie sich für eine Expositionsübung.
Wählen Sie zunächst eine Expositionsübung, zum Beispiel die Übung, mit einem Trichter auf dem Kopf auf der Straße herumzulaufen.

Schritt 2: Entwerfen Sie ein Katastrophenszenario.
Wählen Sie nun den zugehörigen Dann-Teil Ihres Denkens für andere: Wenn ich mit einem Trichter auf dem Kopf auf der Straße herumlaufe,

dann halten mich die Leute für dumm und lachen mich aus. Denken Sie an die schlimmsten Katastrophenszenarien.

Schritt 3: Führen Sie die Übung durch.
Laufen Sie nun tatsächlich mit einem Trichter auf dem Kopf durch eine belebte Straße. Stellen Sie sich bewusst vor, wie dumm die Leute Sie finden und dass sie Sie unverblümt auslachen werden. Malen Sie sich Ihre schlimmsten Katastrophenszenarien aus.

Worum geht es hier: Während Sie denken „sie finden mich seltsam", tun Sie etwas Verrücktes. Sagen Sie zu sich selbst vorher immer wieder: „Ich bin seltsam" oder „Sie halten mich für verrückt" oder „Sie halten mich für eine dumme Blondine" usw. Lassen Sie die Ablehnung anderer Menschen auf sich wirken, während Sie diese selbst bewusst hervorrufen. So lernen Sie, damit umzugehen. Sie werden feststellen, dass Ihre unangenehmen Gedanken an Bedeutung verlieren.

Emotikett
Beim Ausmalen der schlimmsten Katastrophenszenarien während der Expositionsübung kann sich ein emotionales Etikett (ein Emotikett) für Sie als nützlich erweisen.[8] Mit einem Emotikett kleben Sie sozusagen ein Etikett auf Ihr Gefühl. Ein Emotikett ist ein Kärtchen aus stabilem Papier im Format einer Visitenkarte. In früheren Zeiten dienten solche Kärtchen dazu, hilfreiche Gedanken darauf zu notieren. Gedanken wie „Lass Sie doch denken!" oder „ich bin okay!" Aber was funktioniert wohl besser? Offenbar doch wohl, wenn Sie einfach die Ablehnung, die Sie erwarten, darauf notieren. Schreiben Sie zum Beispiel darauf: „Ich bin nervös" oder „Sie werden mich auslachen" oder „Sie finden mich langweilig". Vor und sogar während einer peinlichen Situation können Sie Ihr Kärtchen gelegentlich (heimlich) lesen. Wenn Sie außerdem weiterhin genau hinsehen und hören, was passiert, wird Ihnen die Karte noch mehr dabei helfen, den Unterschied zwischen Ihren Gedanken und dem, was wirklich passiert, zu erkennen.

Nun, da es Elin weniger Schwierigkeiten bereitet, zu telefonieren, will Sie etwas dagegen unternehmen, dass sie ihre E-Mails ständig penibel Korrektur liest, bevor sie sie versendet. Ihr Wenn-dann-Gedanke lautet:

„Wenn ich meine E-Mails nicht kontrolliere, dann habe ich damit vielleicht versehentlich jemanden beleidigt." Sie beschließt, ihre E-Mails in den nächsten vier Wochen nicht noch einmal Korrektur zu lesen, sondern sie zu schreiben und dann sofort auf „Senden" zu klicken. Gleichzeitig liest sie jeden Tag einen Zettel, auf den sie geschrieben hat: „Es sind Fehler darin, durch die ich den Empfänger beleidige."
Schon bald merkt sie, dass sich dieser Gedanke nicht mehr glaubwürdig anfühlt. Ihr Verstand siegt über ihr Gefühl: Sie weiß, dass sie viel mehr davon profitiert, ihre E-Mails nicht zu überprüfen. Wenn sich jemand beleidigt fühlt, wird sie das schon merken: Sie kann dann immer noch sehen, wie sie damit umgeht. Sie weiß, dass sie niemanden absichtlich beleidigen möchte, und das ist ihr Grund genug, ihre E-Mails nicht zu checken, bevor sie sie versendet.

Wenn Sie sich diskriminiert fühlen

Fühlen Sie sich diskriminiert? Es könnte sein, dass Sie dann für andere denken, ganz gleich was geschehen ist. Es gilt hier dasselbe wie bei anderen Wenn-dann-Gedanken: Die Gedanken sind meistens nicht aus der Luft gegriffen, sondern haben irgendwo auch etwas Reales.

Vorurteile und Diskriminierung bestehen nun einmal. Unser Gehirn simplifiziert die Wirklichkeit durch Schubladendenken, anders ausgedrückt: durch Stereotypen. Wie haben zum Beispiel eine Schublade für „Frau", die mit dem Merkmal „lange Haare" verbunden werden kann. Aufgrund dieses Stereotyps kann uns der Irrtum unterlaufen, dass wir einen langhaarigen Mann für eine Frau halten. Ein Stereotyp impliziert nicht per se ein negatives (oder positives) Urteil. Bei einem Vorurteil ist das allerdings der Fall. Hierbei fällt jemand ein negatives (oder positives) Urteil, das nur unzureichend auf Tatsachen beruht. Wenn ein Vorurteil in eine gewisse Art von Verhalten mündet, spricht man von Diskriminierung.

Vielleicht haben Sie Wenn-dann-Gedanken wie:

- Wenn die Leute wissen, dass ich schwul bzw. lesbisch bin, dann werden sie mich für minderwertig halten.

- Wenn die Leute meinen Akzent hören, dann werden sie mich für unfähig halten.
- Wenn die Leute wissen, woher ich komme, dann werden sie mir misstrauen.
- Wenn die Leute wissen, dass ich eine Frau bin, dann werden sie mir die Stelle nicht anbieten.
- Wenn die Leute wissen, dass ich arbeitslos bin, dann werden sie mich für einen Verlierer halten.
- Wenn die Leute wissen, welchen Beruf ich ausübe, dann werden sie mich für dumm halten.
- Wenn die Leute wissen, wie alt ich bin, dann zähle ich nicht mehr dazu.
- Wenn die Leute wissen, dass ich arm (oder reich) bin, dann werden sie mich nicht nett finden.

Auch bei dieser Art von Wenn-dann-Gedanken hilft es, sich zunächst einmal anzuschauen, was man systematisch tut, um eine vermeintliche Ablehnung zu vermeiden. Vielleicht vermeiden Sie es, über Ihre sexuelle Orientierung, Ihre ethnische Herkunft, Ihre Nationalität, Ihren Beruf, Ihr Alter oder Ihren Tagesablauf zu sprechen. Oder Sie zeigen ein anderes Vermeidungsverhalten, zum Beispiel, indem sie Kleidung, die „schwul" wirken könnte, vermeiden, oder typische Gewohnheiten, die zu Ihrer ethnischen Herkunft oder Nationalität gehören. Oder indem Sie Ihr Hörgerät nicht benutzen, aus Angst, dass andere Sie für inkompetent halten. Vermeidungsverhalten kann viele Formen annehmen, ob es sich nun um die Befürchtung handelt, diskriminiert zu werden, oder um andere Weisen des Denkens für andere.

Die Lösung folgt auch hierbei dem gleichen Expositionsschema: Konfrontieren Sie sich mit dem Wenn-Teil des Gedankens. Das heißt: Üben Sie, indem Sie genau das Gegenteil dessen tun, was Sie zu vermeiden versuchen. Sprechen Sie die Dinge an, statt sie zu verbergen, und gehen Sie mit der Ablehnung um, die Ihnen möglicherweise entgegenschlägt. Wenn Sie als Mann normalerweise verbergen, dass Sie Männer mögen, dann tragen Sie nun rosafarbene Kleidung. Wenn Sie zu verbergen versuchen, dass Sie aus einem fremden Land kommen, dann sagen Sie nun sofort, aus welchem Land Sie kommen. Wenn Sie sich für Ihr Alter schämen, dann sagen Sie, wie alt Sie sind.

Vincent wohnt in einem Arbeiterviertel. Dort hat er mit Hilfe seiner Eltern während seiner Studienzeit eine Zweizimmerwohnung gekauft. Eine Wohnung, in der er sich derzeit sehr wohlfühlt. Dennoch vermeidet er es, darüber zu sprechen, weil er glaubt, dass seine Kollegen ihn sonst weniger respektieren würden. Schließlich arbeitet er als Sachbearbeiter und möchte gern den nächsten Schritt in seiner Berufslaufbahn machen. Sein Vorgesetzter wohnt in einem Einfamilienhaus in einem schicken Viertel und hat schon einige Male das gesamte Team zum Abendessen eingeladen.
Vincent weiß mittlerweile sehr gut, wie die Expositionsübungen funktionieren. Statt Gespräche über seine Wohnung zu vermeiden, fängt er in der Pause ein Gespräch darüber an. Er spricht über sein Viertel und alles, was dort vor sich geht. Und er erzählt auch von seiner Wohnung. Irgendwann kommt man darauf zu sprechen, dass am kommenden Wochenende ein kleines Musikfestival in seinem Viertel stattfindet. Zwei von Vincents Kollegen haben Lust, dorthin zu gehen, und Vincent findet das auch interessant.
Nach dem Festival lädt Vincent seine Kollegen dazu ein, in seiner Wohnung noch ein Glas zu trinken. Sie setzen sich auf seinen kleinen Balkon, das ist zwar ein bisschen eng, aber gemütlich! Nachdem sie seine Wohnung gesehen haben, macht es Vincent nichts mehr aus, was sie denken.

Es gibt ein Gebet, das gut zu allen möglichen Wenn-dann-Gedanken passt, insbesondere zu denen über Diskriminierung. Dieses Gebet wird das Gebet der Gelassenheit genannt:

Ich möchte Dinge hinnehmen, die ich nicht ändern kann;

den Mut finden, Dinge zu ändern, die ich ändern kann;

und die Weisheit, das eine vom anderen zu unterscheiden.[9]

Aus diesem Gebet können Sie die folgende praktische Weisheit ziehen:

Die erste Zeile ist der #Lsdwsw-Teil: Sie können das Denken anderer nicht ändern (Lass sie denken, was sie wollen!). In der zweiten Zeile geht es darum, Ihrem Vermeidungsverhalten entgegenzuwirken: Statt es zu vermeiden, können Sie sich dem Wenn-Teil aussetzen. Und in der dritten Zeile geht es darum, den Unterschied zwischen dem eigenen Verhalten und dem, was andere denken, erkennen zu können.

Elin versucht oft, ihre Hände zu verbergen, weil sie nicht möchte, dass die anderen sehen, wie sehr sie zittern. Das ständige Verbergen ihrer Hände ist ihr im Laufe der Jahre zur Gewohnheit geworden, dennoch ruft es bei ihr Anspannung und Unsicherheit hervor. Nun möchte sie ihre Unsicherheit loswerden. Sie schreibt das Gelassenheitsgebet auf ein Kärtchen und liest es mehrmals laut vor. Dann macht sie eine Art Übersetzung davon für sich selbst, die sie ebenfalls aufschreibt. Auf dem Kärtchen steht:

- Ich möchte mich nicht mehr durch mein eigenes Denken für andere einschränken lassen.
- Ich zittere nun einmal, und das muss ich nicht ändern.
- Ich habe den Mut, andere meine zitternden Hände bewusst sehen zu lassen.
- Was ich andere sehen lasse, und wie sehr ich mich darum sorge, was andere von mir denken, kann ich selbst entscheiden; was andere denken, ist ihre Sache.

Ausgestattet mit einem Kärtchen, auf dem diese Sätze stehen, lässt sie von nun an andere bewusst ihre zitternden Hände sehen. Auch an ihrem Arbeitsplatz. Und was passiert dort nach einer Weile? Sie denkt nicht nur weniger daran, was andere wohl über ihre Hände denken, auch das Zittern lässt nach. Manchmal zittert sie sogar überhaupt nicht.

Narzisstische Gedanken und soziale Angst

Manche Menschen haben es sich zur Gewohnheit gemacht, ihr Unsicherheitsgefühl durch eine Überlegenheitshaltung überzukompensieren. Dabei tauchen Gedanken auf wie „ich bin besser", „ich bin ein besonderer, einzigartiger Mensch", „andere müssen anerkennen, dass ich etwas Besonderes bin, „ich verdiene besondere Aufmerksamkeit" oder „ich verdiene eine Vorzugsbehandlung". Es können auch Gedanken wie „andere murksen nur herum" auftreten. Derartige Gedanken nennt man narzisstische Gedanken. Ein wenig an sie zu glauben, kann für Sie durchaus von Nutzen sein: Denn diese rosarote Brille kann Ihnen helfen, etwas zu tun, was Ihnen Angst macht, und kann Ihnen ein gutes Gefühl geben. Ein übertriebener Glaube an narzisstische Gedanken kann im Kontakt mit anderen jedoch zu Problemen führen.

Narzisstische Gedanken können in Verbindung mit dem Denken für andere auftreten. Dann denkt man beispielsweise „wenn ich nicht deutlich mache, dass ich etwas Besonderes bin, dann lehnen mich andere ab", „wenn ich falschliege, dann lehnen mich andere ab", „wenn ich keine Spitzenleistung bringe, dann halten sie mich für wertlos", „wenn ich keine Anerkennung bekomme, dann bin ich unbedeutend", „wenn die Leute nicht gemerkt haben, wie einzigartig ich bin, dann bin ich nichts wert", „es gibt nur Gewinner und Verlierer" oder „ich nehme mir nur Zeit für besondere Menschen, sonst wäre ich schwach". Eine derartige Kombination aus narzisstischem Gedankengut und dem Denken für andere kann dazu führen, dass jemand immer mehr von sich selbst und seinem oder ihrem Umfeld fordert. Gleichzeitig wird das Selbstvertrauen dieser Menschen immer fragiler. Solche Menschen können sich mitunter ständig missverstanden fühlen.

Wenn sich narzisstische Gedanken zu einem Problem entwickelt haben, ist das Selbstvertrauen im Allgemeinen schon angegriffen. Denn so seltsam es auch klingen mag, narzisstische Gedanken sind oft eine Reaktion auf mangelndes Selbstvertrauen. Indem man sich selbst überhöht, kann man manchmal – wenn auch nur für kurze Zeit – vermeiden, sein geringes Selbstvertrauen wahrzunehmen. Narzisstische Gedanken sind daher eine besondere Form perfektionistischen Denkens, zum Beispiel des Denkens: Was ich leiste, ist hervorragend/perfekt. Indem man sich selbst immer für besser als andere hält, schafft man Distanz, und diese Distanz nährt das Denken für andere. Manchmal übt jemand Kritik, um zu verhindern, selbst kritisiert zu werden. Diese verschiedenen Formen der Distanzierung kann man durchaus auch als Vermeidungsverhalten sehen.[10]

Wenn Sie Probleme mit narzisstischem Denken haben, empfehle ich Ihnen, sich auf sachliche Fakten Ihrer Leistungen zu konzentrieren. Versuchen Sie, „in Ihrer eigenen Liga" zu spielen. Suchen Sie nach objektiven Indikatoren, um Ihre Leistung einzuschätzen, und erwarten Sie nicht, dass andere Sie bewundern. Versuchen Sie mal, sich etwas bescheidener zu verhalten.

Kritisieren Sie andere oft, um Ihre eigene Verletzlichkeit zu verbergen? Denken Sie „wenn ich nicht angreife, dann werde ich selbst angegriffen“? Dann sollten Sie sich bewusst machen, dass man mit Honig mehr Fliegen fängt als mit Essig. Üben Sie, bis zehn zu zählen und Ihre Frustrationen auszuhalten. Was sie noch erwägen könnten, wäre zu üben, andere nicht zu kritisieren und Ihre eigenen Schwächen zu zeigen. Das wäre echte Stärke.

Nutzen Sie in jedem Fall Ihre Qualitäten, um Ihren narzisstischen Gedanken die Stirn zu bieten. An Dingen zu arbeiten, die man verbessern möchte, ist ein Zeichen der Stärke: Viele erfolgreiche Menschen haben ihren eigenen persönlichen Coach oder Berater. Ein guter Freund, den Sie ins Vertrauen ziehen, kann auch viel bewirken. Sie können ihn bitten, Sie zu unterstützen und Ihnen ein Feedback zu geben.

Versuchen Sie außerdem, sich so gut es geht, in andere hineinzuversetzen. Fragen Sie nach, was andere denken und erleben, zeigen Sie Interesse. Versuchen Sie, darauf nicht wertend zu reagieren, sondern fassen Sie das Gesagte noch einmal knapp zusammen. Fragen Sie Ihren Gesprächspartner, ob Sie ihn gut verstanden haben. Und zu guter Letzt: Zögern Sie nicht, aufrichtige Komplimente zu machen.

Vincent erkennt dieses narzisstische Denken bei sich selbst wieder. Insgeheim denkt er, er sei zu gut für seinen Job, und kritisiert oft andere, die viel verdienen. Er ist neidisch auf Menschen mit Status, Geld und Macht. Zugleich ist er sehr auf der Hut, denn er will nicht anecken. Schließlich könnten die Leute erkennen, dass ... ja, was eigentlich? Dass er nichts taugt? Er will sich einmal die Fakten betrachten. Welche Kompetenzen hat er denn tatsächlich?

Vincent nimmt seine Diplome und Zeugnisse aus dem Schrank und schaut sie sich an. Er geht sein Adressbuch durch und unterteilt seine Beziehungen in enge Vertraute, Verwandte, enge und weniger enge Freunde, Bekannte und Geschäftsbeziehungen. Auf diese Weise versucht er, sich eine auf Fakten beruhende Vorstellung davon zu machen, wie es um seine Diplome und Beziehungen bestellt ist.

Bald merkt er, dass seine Diplome und die Menschen, die in seinem Adressbuch stehen, nicht alles darüber aussagen, was er erreicht hat. Ob er nun erfolgreich ist oder nicht. Und was ist damit eigentlich gesagt?

Schritt für Schritt kommt er zu dem Schluss, dass es oft völlig sinnlos ist, andere und sich selbst zu bewerten. Man kann zwar bestimmte Aspekte betrachten, wie z. B. wie viel jemand verdient, aber das macht nur einen Bruchteil einer Person aus. Vincent möchte bescheidener werden und offener für die Qualitäten anderer Menschen sein.

Übung 3.10 Narzisstische Gedanken

Nehmen Sie sich einmal Zeit und schreiben Sie einen kleinen Text über die Bedeutung von Erfolg. Markieren Sie anschließend alle Gedanken darin, die in Richtung „Erfolg besagt, dass ich etwas wert bin" gehen. Wenn sie darin auf Gedanken stoßen wie „Wenn ich keinen Erfolg habe, bin ich wertlos", sollten Sie bedenken, dass solche Gedanken für Frustrationen sorgen und ihr Selbstbild erschüttern können. Versuchen Sie, narzisstische Gedanken herauszuarbeiten. Zum Beispiel: „Ich bin für diese hohe Position nicht ausgewählt worden, also werden meine Fähigkeiten nicht richtig gewürdigt" oder „weil ich etwas Besonderes bin, verdiene ich eine Sonderbehandlung" usw.
Schreiben Sie außerdem Beispiele für alle möglichen Aktivitäten auf, mit denen Sie Ihrer Ansicht nach keinen Erfolg erzielen. Überlegen Sie bei jeder dieser Aktivitäten, was diese für Sie unabhängig von Leistung und Erfolg wertvoll macht. Würdigen Sie z. B. auch kleinere Tätigkeiten, die unter Ihrem Niveau liegen. Oder honorieren Sie eine Arbeit, die Sie für unterbezahlt halten. Oder erfreuen Sie sich an der Natur, Ihrer Stadt, Ihrem Dorf oder den Menschen in Ihrem Umfeld. Gehen Sie dabei immer wieder der Frage nach, welchen Wert das für Sie hat und wie es dazu beiträgt, das Denken für andere auszubremsen. Hören Sie auf, über Erfolge und Privilegien zu fantasieren, und arbeiten Sie an realistischen Zielen.

Werden Sie dessen gewahr, dass Sie Ihre Kontakte zu anderen oft unter dem Gesichtspunkt von Macht, Einfluss und Beurteilung sehen? Schauen Sie sich nun einmal an, wie die Menschen in Ihrem Umfeld wirklich sind. Was motiviert jemanden, das zu tun, was er oder sie gerade tut? Wie denkt eine andere Person? Und denken Sie auch so? Können andere etwas an Ihnen schätzen, ohne Sie großartig zu finden? Und können sie etwas an Ihnen schlecht finden, ohne Sie für wertlos zu halten? Suchen Sie einmal nach Beispielen dafür.

All diese Fragen lassen sich auf Ihre eigenen Selbsteinschätzungen übertragen. Finden Sie sich selbst großartig, wenn Sie etwas gut gemacht haben, und halten Sie sich für wertlos, wenn Sie Ihr Ziel nicht erreicht haben? Können Sie Ihre Meinung ändern? Können Sie zugeben, dass Sie sich geirrt haben? Können Sie sich manchmal für schlecht halten, auch wenn Sie ein guter Mensch sind? Sind Sie okay, auch wenn Sie keine große Anerkennung finden? Ist kritisiert zu werden ein Zeichen von Schwäche oder lässt sich das auch anders sehen? Auch wenn Sie recht haben, geht es Ihnen wirklich besser, wenn Sie Ihre eigene Meinung durchsetzen? Denken Sie noch einmal daran, dass erfolgreiche Menschen in der Lage sind, ihren Kurs zu ändern und verwundbar zu sein.

Einer der Begründer der kognitiven Verhaltenstherapie, Aaron Beck, hat eine Reihe hilfreicher Gedanken formuliert, die Sie verwenden könnten:[11]

- Man kann menschlich sein, wie jeder andere auch, und dennoch einzigartig sein.
- Selbstvertrauen kann wachsen, wenn man sich mit anderen befasst und an anderen Anteil nimmt.
- Es ist gut, Dinge aus reinem Vergnügen und um des Kontaktes willen zu tun, oder um anderen zu helfen, ohne dafür der Anerkennung zu bedürfen.
- Ich kann ganz normal und glücklich sein.
- Es kann sich lohnen, in einem Team mitzumachen; ich kann beispielsweise das Zusammensein genießen.
- Beziehungen sind Erfahrungen, keine Statussymbole.
- Andere Menschen können eine Hilfe sein, nicht nur Gegner.
- Feedback kann wertvoll und hilfreich sein, auch wenn es unangenehm ist.
- Jeder ist auf seine Art etwas Besonderes.
- Urteile darüber, ob jemand besser oder schlechter ist, sind Werturteile und daher immer der Veränderung unterworfen.
- Ich brauche keine ständige Bewunderung und keinen Sonderstatus, um glücklich sein zu können.

- Ich kann es genießen, so wie andere zu sein, statt immer besser sein zu müssen.
- Status ist erst dann von Bedeutung, wenn ich ihm selbst einen Wert verleihe: Wenn mir Status wichtig ist, nehme ich die Statusunterschiede wahr, wenn er mir nicht so wichtig ist, achte ich nicht so sehr darauf.

Es kann auch passieren, dass Sie in Verlegenheit gebracht werden, weil andere mit Ihnen prahlen. Wenn Ihre Eltern zum Beispiel ständig anderen erzählen oder erzählt haben, wie toll Sie sind, dann kann das dazu führen, dass Sie mehr für andere denken. Sie spüren, dass die Erwartungen steigen, und haben zunehmend das Gefühl, als Person womöglich abgelehnt zu werden, wenn Sie nicht Topleistungen bringen. Werden Sie immer noch in den Himmel gelobt? Dann kann es sinnvoll sein, die Betreffenden aufzufordern, damit aufzuhören, auch wenn sie es gut meinen. Ein Kompliment zu machen, ist schön und gut, aber es muss sich im Rahmen halten.

Get excited!

Viele Menschen leiden unter Erwartungsangst. Ist eine soziale Situation in Sicht, machen Sie sich im Vorfeld darüber Sorgen. Sie wissen beispielsweise, dass Sie am Abend Karaoke singen oder eine Präsentation halten, und sehen dem mit Bangen entgegen.

Alison Wood Brooks von der Harvard Business School hat dieses Phänomen näher untersucht. Sie bat die Teilnehmer ihrer Studie, sich zur Abwechslung vorher nicht zu entspannen. Ganz im Gegenteil: Die Teilnehmer ihrer Studie sollten die Spannung spüren, sie sollten sie aber als „excitement“ (Aufregung, Begeisterung) auffassen. So dachten sie gleich an Möglichkeiten statt an Gefahren. Außerdem waren ihre Leistungen in der betreffenden sozialen Situation besser als die von Menschen, die gelassen zu bleiben versuchten.

Daher mein Rat: Wenn Sie merken, dass Sie sich darüber zu sorgen beginnen, was auf Sie zukommt und wie andere dabei über Sie denken könnten, sagen Sie regelmäßig laut oder in Gedanken zu sich selbst: „Ich bin begeistert“ oder „ich bin vergnügt“. Oder schreiben Sie auf ein Kärtchen oder im Display Ihres Smartphones „Begeistere dich!“ oder „Sei vergnügt“ und lassen Sie es immer wieder auf sich wirken. Sie können diese

Kärtchen auch im Wechselspiel mit Ihrem Emotikett mit dem Eintrag „Sie werden mich auslachen“ (siehe Seite 100) nutzen.

Wilmas Vorgesetzte wird bald in den Ruhestand gehen. Sie hat bei Wilma vorgefühlt, ob sie vielleicht Interesse hätte, sich auf ihre Stelle zu bewerben. Ihre Chefin weiß, dass es nicht gerade Wilmas Ding ist, sich zu bewerben, aber sie hat bemerkt, wie sich Wilma in letzter Zeit innerhalb der Organisation entwickelt hat. Als Übung, weniger für andere zu denken, hatte Wilma ihre Kollegen interviewt. Dadurch ist es auch zu einem intensiveren Kontakt zu ihnen gekommen. Sie kann Kollegen bei Bedarf gut unterstützen und begeistert sie durch ihre positive Ausstrahlung. Ihre Verletzlichkeit ist zu ihrer Stärke geworden. Sie und ihre Kollegen kommunizieren nun viel offener miteinander, nicht nur, wenn die Dinge gut laufen, sondern auch, wenn es mal nicht so gut läuft.
Wilma erscheint es in einem positiven Sinne spannend, sich auf die Managerposition zu bewerben, eine Position, auf der sie ein Team von zwölf Sekretärinnen leiten würde. Sie spricht mit Freundinnen über ihre Bewerbung und übt mit ihnen das kommende Bewerbungsgespräch. Bei der Vorstellung, sich zu bewerben, empfindet sie zunehmend „excitement“, eine Art von Freude und Aufregung.
Manchmal wird sie auch von ihren Freundinnen kritisiert, z.B. wenn sie um Feedback zu ihrem Bewerbungsschreiben bittet. Aber mittlerweile sieht sie Kritik als etwas an, das man häufig positiv nutzen kann. Sie ist in der Lage, sich die Kritik anzuhören und sich zu entscheiden, ob sie damit etwas anfangen kann oder nicht. Das gibt ihr Selbstvertrauen. In Momenten, in denen sie wieder einmal in ihre Fallgrube des Denkens für andere tappt, denkt sie bei der Anspannung, die sie dann empfindet, schnell: „Ich bin aufgeregt“. Das hilft ihr, dem Ganzen wieder eine positive Wendung zu geben.
Als das Bewerbungsgespräch schließlich stattfindet, ist sie einigermaßen angespannt. Vieles läuft gut, aber einige Fragen kann sie auch nicht gut beantworten. Ungeachtet dessen wird von der Auswahlkommission ihre offene Einstellung hervorgehoben; sie wird voller Zuversicht, dass sie diese Position hervorragend ausfüllen wird, eingestellt.

Zusammenfassung

Seine Gewohnheit zu verändern, für andere zu denken, bedeutet: trotz aller Widrigkeiten am Ball bleiben. Veränderungen sind kurzfristig oft unangenehm, daher ist es wichtig, die langfristigen Ziele im Blick zu behalten. #Lsdwsw erfordert Handeln: Greifen Sie zum Telefon oder gehen Sie auf die Straße. Denken Sie sich eine Übung zu Ihrem Wenn-dann-Denken aus. Verwenden Sie Selfies. Sind Sie enttäuscht? Dann reagieren Sie nicht mit Vermeidungsverhalten, sondern nehmen Sie den Faden der Exposition wieder auf. Konzentrieren Sie sich darauf, was Sie sehen und hören. Fragen Sie andere danach, was sie denken, wenn Sie beispielsweise einen Fehler machen. Wechseln Sie zwischen verschiedenen Übungen. Vergessen Sie nicht, sich der Ablehnung anderer auszusetzen: Tun Sie etwas (Harmloses), das die Leute dazu bringt, Sie abzulehnen, und schauen Sie sich an, welche Auswirkungen das mit sich bringt. Sie können auch mit Gedankenjonglieren, Gedankensalat und Ihrem persönlichen Emotikett üben. Fühlen Sie sich diskriminiert oder leiden Sie unter narzisstischen Gedanken? Dann können Sie #Lsdwsw ebenfalls nutzen. Und zu guter Letzt: Betrachten Sie Ihre Anspannung als „excitement“: als etwas Aufregendes und Begeisterndes.

Anmerkungen

1 Siehe Niles u.a., 2015.
2 Eine Ausnahme hierzu stellt der Fall dar, dass Sie Angst vor der Polizei haben. Dann können Sie sich darin üben, in eine Polizeistation zu gehen oder auf der Straße Fragen an Polizeibeamte zu richten und Ähnliches mehr.
3 Siehe z.B. Voncken & Bögels, 2011; Ribordy, Tracy & Bernotas, 1981; Mulkens & Bögels, 2011.
4 Siehe die verschiedenen Artikel unter Hofmann in der Literaturliste.
5 Mit geringfügigen Anpassungen übernommen aus Fang u.a., 2013.
6 Zum Beispiel Streetlab.
7 Eine Übung, die dieser sehr ähnlich ist, ist das „Interpretations-Brainstorming“ von Voncken & Bögels, 2010.
8 Siehe Niles u.a., 2015.
9 Das ursprüngliche Gebet lautet: „Gott, gib mir die Gelassenheit, Dinge hinzunehmen, die ich nicht ändern kann, den Mut, Dinge zu ändern, die ich ändern kann, und die Weisheit, das eine vom anderen zu unterscheiden.“
10 Mehr über Narzissmus können Sie in Appelo, 2013, und in Malkin, 2015, lesen.
11 Nachdruck von Beck et. al., 2004, mit Genehmigung von The Guilford Press.

Selbstvertrauen und Feedback

Das Denken für andere können Sie auch in ein „Lass sie denken, was sie wollen" verwandeln, indem Sie Ihr Selbstvertrauen stärken. Je größer Ihr Selbstvertrauen ist, desto einfacher wird es für Sie sein, mit Kritik umzugehen. Sie können Ihr Selbstvertrauen in vielerlei Hinsicht stärken. Der gemeinsame Nenner aller Übungen dazu liegt darin, dass Sie sich selbst trainieren, Ihre Erfahrungen stärker aus einem positiven Blickwinkel zu betrachten. Ich werde Ihnen nun einige Übungen zur Stärkung des Selbstvertrauens zeigen. Viele der Übungen stammen von meiner Kollegin Manja, einer Expertin auf diesem Gebiet und Autorin der Bücher *Negatief zelfbeeld* und *Ik? Ik stel niks voor*.[1] Im Folgenden finden Sie auch Tipps zum Geben und Erhalten von Feedback oder Kritik.

Übung 4.1 Positives suchen und benennen

Machen Sie einen Spaziergang durch die Straßen oder die Natur und versuchen Sie dabei, so viele positive Dinge zu benennen wie möglich. Nennen Sie laut alles Schöne, was Sie sehen, hören, riechen, fühlen und vielleicht auch schmecken ... unübersehbar große Dinge, aber auch sehr kleine. Legen Sie eine Liste der sozialen Situationen an, die Sie froh machen. Mit wem sind Sie dabei wo zusammen? Und was tun Sie dabei? Träumen Sie nach Herzenslust von schönen Situationen mit anderen Menschen und schreiben Sie diese Situationen auf. Unternehmen Sie dann Schritte, um sie Realität werden zu lassen.

Elin möchte üben, mehr Selbstvertrauen zu erlangen. Heute ist das Wetter dafür allerdings nicht so gut: Es regnet in Strömen. Sie beratschlagt sich mit ihrem Mann und ihren Kindern, und sie kommen zu folgendem Plan: Sie wollen in Regenkleidung durch die Nachbarschaft streifen, um neue Orte zu entdecken. Gesagt, getan.
Irgendwann denken sie sich ein Spiel aus: Die Kinder können an jeder Kreuzung abwechselnd selbst entscheiden, ob sie nun abbiegen oder weiter geradeaus gehen. Das finden die Kinder lustig, und auch den Eltern macht es Spaß.

Unterdessen schaut sich Elin gut um. Irgendwo unter einem Vordach notiert sie in ihr Notizbuch alles Schöne, was sie sieht und denkt: „Was für ein schöner Garten, ich genieße den Regen auf meinem Gesicht und das Geräusch des Regens auf meiner Kapuze, ich habe eine nette Familie, meine Kinder sind schön, klug, haben Humor, Jan und ich sind ein nettes und starkes Paar mit viel Humor, ich liebe Musik, ich bin eine gute Mutter, ich wohne in einem schönen Viertel aus den 30er-Jahren, ich bin fürsorglich“.

Übung 4.2 Ihr Weißbuch

Um Ihr Selbstvertrauen aufzupolieren, können Sie positive Erfahrungen in einem Büchlein festhalten. Ein solches Büchlein bezeichnet man als „Weißbuch“. Kaufen Sie ein schönes Büchlein oder Notizheft für Ihre Eintragungen.
Schreiben Sie nun alles Positive des jeweiligen Tages in Ihr Weißbuch. Eine Erfahrung muss nicht hundertprozentig positiv sein. Auch nicht ganz so schöne Erfahrungen oder „ausgesprochen negative“ Erlebnisse haben positive Seiten. Benennen Sie die positiven Seiten. Danach muss man manchmal ein wenig suchen, aber genau darin können Sie sich üben. Dass ein Weißbuch gut funktioniert, stelle ich bei meinen Klienten fest, aber auch bei mir selbst. Jeden Tag kommen Menschen mit Problemen zu mir – manchmal auch mit wirklich großen Problemen. Ich habe mich selbst darin geübt, nach positiven Dingen zu suchen. In jedem Leben, bei jedem Menschen, an jedem Tag und in jeder Minute lässt sich etwas Positives finden. Selbst in den schlimmsten Momenten. Solange man danach sucht.
Versuchen Sie, möglichst viel in Ihrem Weißbuch zu notieren (ggf. im Telegrammstil).
Einige Tipps dazu, wie es Ihnen gelingen kann, mehr in Ihr Weißbuch zu schreiben:

- *Suchen Sie nach Details:* Wenn Sie zum Beispiel geschrieben haben: „angenehmes Mittagessen mit meinem Kollegen“, können Sie hinzufügen: „leckere italienische Tomatensuppe“, „nette Gespräche über unsere Wochenenden“ und „rechtzeitig begonnen, so dass es im Restaurant angenehm ruhig war“. Vielleicht suchen Sie noch nach weiteren Details. Sie können unendlich viel über Einzelheiten und verschiedene positive Aspekte Ihrer Erfahrungen schreiben.

- *Suchen Sie nach verschiedenen Themen:* Konzentrieren Sie sich z.B. auf Themen wie Kleidung, Essen, Sport, Kultur, Soziales, Arbeit, Privates, Dinge, die mit #Lsdwsw zusammenhängen oder das gerade nicht tun, auf das Wetter und was Sie daran positiv finden, auf Dinge, die Sie lernen möchten usw.
- *Unternehmen Sie etwas:* Schreiben Sie anschließend die Dinge auf, die Ihnen gefallen haben. Mieten Sie beispielsweise irgendwo ein Kanu, gönnen Sie sich eine Portion Pfannkuchen, gehen Sie in ein Museum oder Konzert oder besuchen Sie Ihnen unbekannte oder vertraute Orte. Öffnen Sie all Ihre Sinne und notieren Sie alle positiven Dinge, die Sie sehen, hören, riechen, schmecken und fühlen.
- *Wiederholen Sie Erlebnisse, die Sie schön fanden, und schreiben Sie darüber:* Gehen Sie wieder einmal schwimmen oder laden Sie mal wieder Ihre Nachbarn zum Kaffee ein. Unternehmen Sie mal wieder eine schöne Fahrt mit dem Auto oder machen Sie wieder mal eine Zugfahrt.
- *Machen Sie abwechslungsreiche Übungen und nutzen Sie Ihre Sinne:* Suchen Sie bei den schönen Dingen, die Sie tun, nach Abwechslung, desgleichen bei den positiven Dingen, die Sie aufschreiben. Besuchen Sie jedes Mal einen anderen Markt oder einen anderen Marktstand, fahren Sie mit dem Fahrrad zu unterschiedlichen Orten. Achten Sie das eine Mal besonders auf die Menschen in Ihrer Umgebung und ein anderes Mal auf die Landschaft. Achten Sie auf Farben, Formen oder Geräusche. Denken Sie über weitere Dinge nach, die Sie ins Staunen versetzen könnten, z.B. wie lange etwas schon an einem Ort steht, oder fühlen Sie, wie der Wind über Ihr Gesicht streicht.
- *Geben Sie beim Aufschreiben Ihrem eigenen positiven Beitrag zu Situationen genügend Raum:* Nehmen Sie zum Beispiel in den Blick, was Sie dafür getan haben, um diese positiven Erfahrungen aufzuspüren. Oder andere Dinge: Sie sind auf eine Party gegangen, obwohl Sie sich nicht wohlfühlten; Sie haben eine Bitte ausgeschlagen; Sie haben jemandem geholfen oder Sie hatten Spaß daran, Ihr Wohnzimmer zu putzen.

- *Vergessen Sie die schlechten Tage und die unangenehmen Erfahrungen nicht:* Auch hier können Sie die positive Seite suchen, auch wenn es Sie mehr Mühe kostet. Wenn Sie bei der Arbeit kritisiert wurden, können Sie versuchen, diese Kritik als positiv und konstruktiv zu betrachten. Wenn Sie mit der Kritik nichts anfangen können, dann können Sie es vielleicht positiv finden, dass es Ihnen gelingt, sie zu ignorieren. Wenn Sie die Grippe haben, schreiben Sie etwas Positives über den Tee mit Honig, den Sie im Bett trinken.
- *Teilen Sie Ihre positiven Erfahrungen und Ihr Tagebuch mit anderen:* Erzählen Sie Ihren Freunden oder Ihrer Familie von Ihrem Weißbuch oder lesen Sie daraus vor. Und erzählen Sie anderen spontan, was Sie schön finden. Es kann für Sie und Ihre Mitmenschen sehr angenehm sein, wenn Sie Ihre positiven Erfahrungen teilen. Sie werden feststellen, dass andere dann oft Ihrem Beispiel folgen werden. Auf diese Weise erzeugen Sie einen positiven Schneeballeffekt.

Aber aufgepasst! Denken Sie daran, dass Sie:
- sich nicht selbst sabotieren: Wenn Ihnen also etwas Positives eingefallen ist, ist es nicht okay, zu denken: Ja schon, aber das ist doch nichts Besonderes.
- aufhören, sich zu sehr zu kritisieren: Machen Sie sich bewusst, dass Sie sich selbst bekritteln, streichen Sie die Kritik und schauen Sie sich dann an, was übrigbleibt. Das können sehr kleine, aber auch sehr große positive Dinge sein.

Erfreuliche und positive Dinge über sich selbst aufzuschreiben, kann ziemlich schwierig sein. Viele Menschen fürchten, großspurig zu wirken. Wenn Ihnen das bekannt vorkommt, dann schauen Sie sich diese Übung einmal genauer an. Finden Sie es wirklich großspurig, positiv über sich selbst zu denken und das aufzuschreiben? Schließlich sind Sie ja nicht den ganzen Tag über damit beschäftigt, sich vor anderen großzutun. Machen Sie daraus ein Experiment und versuchen Sie, Ihr Weißbuch einige Wochen lang weiterzuführen (etwa sechs bis acht Wochen). Wenn es Ihnen danach immer noch nicht gefällt, dann können Sie natürlich in Erwägung ziehen, die Übung abzubrechen. Es gibt schließlich viele Wege, die nach Rom führen.

Wilma hat sich ein Poesiealbum gekauft, das sie als Weißbuch verwenden möchte. Sie hat bereits viel Schönes zum Hineinschreiben gesammelt: alles, was bei der Arbeit gut läuft, die Beratungen mit Kollegen, eine Aufgabe oder einen Teil einer Aufgabe, die sie gut erfüllt hat, ihre Bewerbungsaktivitäten, aber auch ihr Privatleben. Sie schreibt zum Beispiel auf: „hübschen Pullover angezogen, meiner Mutter eine E-Mail geschrieben, mit meinem Neffen herumgealbert, gemütlich eine halbe Stunde auf der Couch zugebracht, ein altes Rezept mal wieder nachgekocht, auf einer Terrasse eine Tasse Kaffee getrunken". Sie hat es sich zur Angewohnheit gemacht, ihre positiven Erfahrungen am Ende jedes Tages kurz niederzuschreiben. Sie schreibt auch an den Tagen etwas auf, an denen sie sich nicht wohlfühlt und es ihr schwerfällt.

Übung 4.3 Ich bin okay

Wenn Sie Ihr Weißbuch eine Weile geführt haben, können Sie an den Dingen arbeiten, die Sie an sich selbst mögen: an Ihren positiven Eigenschaften. Erstellen Sie eine Liste dieser Eigenschaften, damit Ihnen diese Qualitäten stärker bewusst werden. Beginnen Sie jede Zeile mit „Ich bin ..." oder mit: „Ich kann ..." oder „Ich liebe ...". All diese Aussagen sagen etwas über Ihre Eigenschaften aus. Zum Beispiel: Ich bin flexibel, ich bin ein Draufgänger, ich habe Humor, ich bin ein guter Radfahrer, ich kann gut nähen, ich liebe die Natur.

Nehmen Sie nun Ihr Weißbuch vor. Sehen Sie sich an, was Sie darin geschrieben haben, und fragen Sie sich, was das über Ihre positiven Eigenschaften aussagt. Wenn Sie zum Beispiel geschrieben haben „Tante Rietje angerufen", können Sie als positive Eigenschaften vermerken: Ich bin fürsorglich, ich bin sozial, ich bin ein Familienmensch, ich habe Humor, ich kann gut zuhören, ich bin aktiv, ich bin hilfsbereit, ich genieße das Leben. So gehen Sie Ihr Weißbuch weiter durch und verbinden positive Eigenschaften mit den positiven Ereignissen, die Sie aufgeschrieben haben.

Eine andere Übung besteht darin, in einer Minute so viele eigene positive Eigenschaften aufzuschreiben wie irgend möglich. Halten Sie eine Stoppuhr griffbereit.

Nach dieser Minute zählen Sie, wie viele Eigenschaften Sie aufgeschrieben haben. Wiederholen Sie die Übung und versuchen Sie, Ihre persönlichen Rekorde zu brechen. Gelingt es Ihnen, eine Minute lang ununterbrochen in schnellem Tempo zu schreiben? Dann versuchen Sie, das mal über zwei Minuten zu tun.
Eine andere Übung besteht darin, Ihre Familie und Ihre Freunde zu bitten, über Ihre positiven Eigenschaften nachzudenken. Lassen Sie sie eine Liste erstellen, die sie Ihnen danach geben können.
Achten Sie darauf, dass Ihre Liste positiver Eigenschaften hübsch aussieht: Verwenden Sie schönes Briefpapier oder wählen Sie einen schönen Schrifttyp. Schauen Sie sich die Liste regelmäßig an und vervollständigen Sie sie. Viel Spaß dabei!

Wilma erweitert ihr Weißbuch um eine Liste ihrer positiven Eigenschaften. Um sie zusammenzustellen, macht sie die 1-Minuten-Übung. Eine Woche lang schreibt sie täglich eine Minute lang möglichst viele positive Eigenschaften von sich auf. Dann legt sie eine gebündelte Liste ihrer positiven Eigenschaften an, ohne Doppelungen. Sie füllt die Liste weiter mit den positiven Eigenschaften an, die ihre Schwester und zwei Freundinnen beigetragen haben. Hier ist ihre Liste:

- Ich bin nett
- Ich bin genau
- Ich bin lieb
- Ich bin eine nette Kollegin
- Ich bin eine nette Mutter
- Ich bin fürsorglich
- Ich bin sportlich
- Ich bin eine gute Köchin
- Ich bin interessiert
- Ich bin an Literatur interessiert
- Ich kann gut Englisch
- Ich kann gut tanzen
- Ich bin an Reiseberichten interessiert
- Ich bin an Krimiserien interessiert
- Ich bin sozial
- Ich bin eine Kämpfernatur
- Ich bin ein geselliger Mensch
- Ich bin klug
- Ich habe einen guten Geschmack
- Ich habe nette Kinder
- Ich habe eine nette Familie
- Ich bin an Romanen interessiert
- Ich kann gut mit Computern umgehen
- Ich kann gut mit Word umgehen
- Ich bin gut im Lernen
- Ich bin schön
- Ich mag schöne Dinge
- Ich bin normal
- ich mag kleine Dinge

- Ich respektiere andere Meinungen
- Ich kann mich gut in andere einfühlen
- Ich tue gern etwas Verrücktes
- Ich bin spontan
- Ich bin flexibel
- Ich bin eine Feinschmeckerin
- Ich kann mich gut anpassen
- Ich werde geliebt
- Ich habe einen netten Freundeskreis
- Ich kann gut flirten
- Ich bin eine Weltverbesserin
- Ich habe finanziellen Verstand
- Ich habe Geschmack
- Ich bin gesellig
- Ich habe Humor
- Ich kann Wesentliches von Nebensächlichem unterscheiden
- Ich kann gut flechten
- Ich bin ein engagiertes Vereinsmitglied
- Ich bin sparsam
- Ich bin für meine Mitmenschen da
- Ich sehe gut aus
- Ich bin bescheiden
- Ich bin umgänglich
- Ich habe einen grünen Daumen
- Ich bin viel gereist
- Ich zeige Initiative
- Ich bin aktiv
- Ich bin selbstständig
- Ich liebe Geschichte
- Ich liebe Spiele
- Ich habe breitgefächerte Interessen

So hat Wilma eine Liste von etwa sechzig positiven Eigenschaften zusammengestellt, und die Liste wächst weiter an.

Hören Sie auf, sich selbst herabzusetzen

Dass Sie sich beim Führen Ihres Weißbuchs mit Selbstkritik zurückhalten sollten, habe ich schon erwähnt. Im Theorieteil von #Lsdwsw haben Sie auf Seite 33 den Teufelskreis des Denkens für andere kennenlernen können. Sich selbst herabzusetzen ist ein Teil dieses Teufelskreises. Auch in Bezug darauf können Sie den Kreis durchbrechen. Setzen Sie sich nicht länger selbst herab, sondern versuchen Sie, nüchtern zu betrachten, wer Sie sind oder wie Sie etwas getan haben. Eine Video- oder Tonaufnahme, aber auch ein Spiegel sind perfekte Instrumente dafür.

Nun denken Sie vielleicht: Filmaufnahmen von mir selbst mag ich nicht besonders. Oder: Aufnahmen meiner eigenen Stimme höre ich nicht gerne. Dieses Argument habe ich schon hundertmal gehört. Und ich verstehe Sie gut. Vielleicht gefällt es Ihnen nicht, weil Sie sich dann selbst gnadenlos herabsetzen. Das ist ganz gewiss nicht schön. Aber wie wäre es, wenn Sie sich Ihre eigene Stimme anhörten oder sich selbst betrachten würden, ohne sich dabei selbst herunterzuputzen? Das können Sie nämlich lernen. Versuchen Sie, sich daran zu gewöhnen, sich häufig aufzunehmen. Am Anfang mag es sich seltsam anfühlen, aber Übung macht den Meister.

Übung 4.4 Sich selbst betrachten

Üben Sie zum Beispiel, eine Rede zu halten. Bevor Sie diese Rede aufzeichnen, sollten Sie all Ihre Befürchtungen, was schiefgehen könnte, aufschreiben. Anschließend nehmen Sie die Rede auf. Bevor Sie sich das Ganze wieder ansehen oder anhören, sollten Sie überlegen, zu welchen Aspekten Sie sich ein Feedback geben möchten. Es müssen wahrnehmbare Fakten sein, die etwas über Ihre Erwartungen aussagen. Zum Beispiel können Sie sich ansehen, ob Sie während der Rede wirklich hängenbleiben und stottern. Denken Sie daran, dass Ihr Gefühl der Anspannung kein guter Gradmesser ist.
Sie können sich das Video erneut ansehen und sich vorstellen, dass Sie jemand anderem zuschauen und dieser Person konstruktive Kritik geben wollen. Und zwar ganz konkret: Was ist gut gelaufen und was könnte besser sein? Sie können Ihr Gerät auch auf Wiederholung einstellen. So lange, bis Sie sich an Ihre Stimme gewöhnt haben und die objektiven Kennzeichen Ihrer Aufnahme wirklich auflisten können. Bitten Sie Ihren Helfer, sich Ihre Videos mit Ihnen gemeinsam anzusehen. Ihr Helfer kann Ihnen dann genau sagen, was er auf Ihrem Video sieht und hört.

Wenn Sie den Spiegel normalerweise meiden, dann bietet es sich an, damit zu üben: Betrachten Sie sich selbst und beschreiben Sie, was Sie sehen, ohne es zu interpretieren. Wenn Sie Ihr Aussehen übermäßig oft vor dem Spiegel kontrollieren, sieht die Expositionsübung wie folgt aus: Schauen Sie nicht in den Spiegel und sorgen Sie dafür, dass das, was Sie normalerweise kontrollieren, nun genau umgekehrt aussieht. Sind Sie es zum Beispiel gewohnt, Ihre Frisur zu kontrollieren? Dann legen Sie sich einen Out-of-bed-Look zu und gehen nach draußen, ohne vorher in den Spiegel zu schauen.

Übung 4.5 Eine halbe Grübelstunde

Was auch gut dagegen hilft, sich selbst herabzusetzen, ist das Einplanen einer halben Grübelstunde.[2] Planen Sie dafür dreimal wöchentlich eine halbe Stunde ein, am besten morgens und keinesfalls kurz vor dem Schlafengehen. Stellen Sie sicher, dass Sie in dieser halben Stunde nicht gestört werden. Suchen Sie sich einen ruhigen Raum und schalten Sie Ihr Telefon aus. Machen Sie allen Menschen in Ihrem Umfeld deutlich, dass Sie nicht gestört werden möchten. Stellen Sie einen Wecker auf eine halbe Stunde später ein. Nun haben Sie Zeit, bewusst eine halbe Stunde zu grübeln. Halten Sie alle Ihre sorgenvollen und grüblerischen Gedanken in einem Notizbuch oder auf Ihrem Computer fest. Alternativ können Sie Ihre Gedanken auch aussprechen und aufnehmen. Fassen Sie Ihre schlimmsten Gedanken in Worte. Stellen Sie sicher, dass die Gedanken den Kern der Sache treffen und dass Sie das Katastrophenszenario ganz durchdenken: Das kann so weit führen, dass es in Ihrem Katastrophensszenario für Sie und andere um Tod oder Leben geht. Schreiben Sie die Gedanken auf, die Sie am meisten stören, und verwenden Sie dabei die Ich-Form. Wenn Ihnen die Inspirationen ausgehen, fangen Sie wieder von vorne an. Schimpfen und Fluchen ist erlaubt und Ihr Katastrophenszenario kann ruhig sehr bizarr sein. Halten Sie eine halbe Stunde durch und beenden Sie das Grübeln erst, wenn der Wecker klingelt. Danach sollten Sie etwas tun, was Sie entspannt und ablenkt, z. B. spazieren gehen, aufräumen, eine Tasse Tee trinken oder Ihre Lieblingsmusik hören.

Anfangs kommt es noch ziemlich oft vor, dass man auch außerhalb der dafür vorgesehenen halben Stunde grübelt. Schreiben Sie dann kurz ein Stichwort auf und bewahren Sie es für Ihre Grübelzeit auf. Versuchen Sie, Ihr sorgenvolles Nachdenken zu verschieben. Wenn Sie das einige Wochen geübt haben, werden Sie feststellen, dass Ihr Grübeln nachlässt und sich immer mehr auf die eingeplanten halben Stunden beschränkt. Nach einer Weile genügt es, eine Viertelstunde statt eine halbe Stunde einzuplanen.

Elin möchte ihre Angst vor dem Zittern noch weiter eindämmen. Mit ihrem Smartphone macht sie ein halbminütiges Video, in dem sie absichtlich mit den Händen zittert. Das zeigt sie ihren Freunden und ihrer

Familie. Zu ihrem Erstaunen stellt sie fest, dass diese positiv und interessiert darauf reagieren. Sie traut sich sogar, das Video unter dem Titel „Elin und ihre zitternden Hände“ auf Facebook zu stellen. Sie gewinnt mehr und mehr den Eindruck, dass sie nichts zu verlieren hat. Es macht ihr nicht mehr viel aus, dass andere sehen, wie ihre Hände zittern und sich vielleicht etwas dabei denken.

Außerdem plant sie montags, mittwochs und freitags um 7.15 Uhr morgens eine halbe Grübelstunde ein. Hier ist ein Beispiel dafür, was sie dann aufschreibt: „Meine Chefin hat gesehen, dass ich unsicher bin, ich fühle mich ertappt und meine Hände zittern. Sie wird mich zu einem Mitarbeitergespräch bitten und mir mitteilen, dass ich diese Position nicht weiter ausfüllen kann. Sie wird sich mit den Kollegen beraten und meine Entlassung veranlassen. Dafür schäme ich mich, ich werde das anderen nicht erklären können und nicht den Mut haben, mich wieder zu bewerben. Alle werden über mich reden. Später werde ich mich nur noch trauen, mich auf Stellen zu bewerben, die weit unter meinem Niveau liegen. Das werde ich endlos tun, doch man wird mich überall ablehnen. Ich werde immer depressiver und werde meine Freunde verlieren, weil ich kein angenehmer Gesprächspartner mehr bin. Mein Mann wird mich verlassen und wir werden einen hässlichen Scheidungskrieg ausfechten. Ich werde ausziehen müssen und für eine Weile bei meinen Eltern wohnen. Irgendwann werde ich in eine psychiatrische Anstalt eingewiesen werden, aber dort kann man mir nicht helfen. Im Gegenteil, ich werde drogensüchtig und sterbe an einer Überdosis. Nach meinem Tod sind die anderen erleichtert und sagen, nur gut, dass sie gestorben ist. Sie werden mich bald vergessen.“ So fährt Elin mit ihren Aufzeichnungen fort und wiederholt ihre halben Grübelstunden einige Wochen lang. Dabei ist sie manchmal traurig, ein anderes Mal wütend oder ängstlich. Doch nach einer Weile hellt sich ihre Stimmung auf und sie merkt, dass sie nicht mehr unter dem Grübeln leidet: Schließlich sind das ja nur Gedanken.

Die Regeln, um Feedback zu geben und zu erhalten

Vielen Menschen fällt es schwer, Feedback zu geben, doch Feedback zu erhalten ist vielleicht noch schwieriger. Vor allem, wenn man unsicher ist und hauptsächlich damit beschäftigt ist, Situationen zu vermeiden, in denen man einen Fehler machen könnte. Wie wäre es wohl, Feedback aktiv zu suchen? Das wollen wir nun üben. Marieta Koopmans hat ein gutes Buch über Feedback geschrieben. Die Regeln, um Feedback zu geben und zu erhalten, stelle ich Ihnen hier vor.[3]

Regeln für das Geben von Feedback:

1. Geben Sie nur dann Feedback, wenn der Empfänger darum bittet oder zumindest offen dafür ist.
2. Beschreiben Sie das Verhalten, das Sie tatsächlich wahrgenommen haben („Sie sagten damals ...“, „Sie gingen dann zu ...“).
3. Geben Sie in der Ich-Form wieder, was das Verhalten bei Ihnen ausgelöst hat („Als Sie sagten ..., dachte ich ...“, „Als Sie zu ... gingen, fühlte ich mich ...“).
4. Beginnen und beenden Sie Ihr Feedback mit etwas, was Sie gut fanden. Nennen Sie dazwischen etwas, das hätte besser laufen können.
5. Machen Sie keine Vorwürfe.
6. Geben Sie Feedback nur zu Punkten, an denen der andere etwas verändern kann.

Regeln für das Erhalten von Feedback:

1. Interpretieren Sie Kritik nicht sogleich als persönlichen Angriff.
2. Versuchen Sie, das Feedback zu verstehen. Fragen Sie nach, was der andere genau meint.
3. Verfallen Sie nicht in eine Verteidigungshaltung.
4. Zeigen Sie Wertschätzung für den Feedbackgeber.
5. Nutzen Sie das Feedback.
6. Seien Sie offen für Komplimente, tun Sie nicht so, als ob sie unwichtig wären.

Übung 4.6 Feedback geben und erhalten

Bitten Sie die Menschen in Ihrem Umfeld um Feedback. Bitten Sie sie, auf Ihr Verhalten zu achten, ob Sie beispielsweise stottern und wie oft, ob Sie dummes Zeug reden, und wenn ja, was daran wie störend ist usw. Bitten Sie sie, Ihnen nach Ablauf einer Situation zu sagen, was gut gelaufen ist und was besser laufen könnte. Mit der Person, die Ihnen Feedback gibt, können Sie die Regeln für das Feedback vorher durchgehen.

Vincent hat bald eine wichtige Sitzung, in der er ein neues Strategiepapier präsentieren wird. Zu dieser Sitzung erwartet er eine Kollegin, die er sehr attraktiv findet. Er traut sich nicht, ein Gespräch mit ihr anzufangen und ihr in die Augen zu schauen. Im Vorfeld erstellt er ein Emotikett: ein Kärtchen, auf dem steht: „Sie wird über mich lästern". Er bittet auch seinen Kollegen Jaap, ihm bei der Evaluierung seines Verhaltens zu helfen. Er übt seine Präsentation vorher mit Jaap in einem Rollenspiel, und sie vereinbaren, dass Jaap nach der Präsentation Fragen stellt. Vincent bittet Jaap auch, darauf zu achten, ob Vincent die Fragen gut zusammenfasst und ob sich seine Erwiderungen wirklich auf die Fragen beziehen. Jaap gibt ihm dazu Feedback. Während des Meetings schaut Vincent zweimal auf sein Emotikett. Er fragt auch seine Zuhörer, ob sie ihm folgen können. Dabei schaut er der attraktiven Kollegin in die Augen. Während des Meetings achtet Jaap genau darauf, was Vincent tut und wie die anderen reagieren. Danach gibt er Vincent Feedback.

Umgang mit Kritik

Jeder wird hin und wieder kritisiert. Manche mehr, andere weniger. Das kann zum Beispiel davon abhängen, was man tut. Bei Politikern etwa ist das Kritisiertwerden ein Teil ihres Jobs. Wie oft, von wem, wo, worüber und in welcher Form man Kritik erhält, kann sehr unterschiedlich sein.

Wichtig ist es, dass die Kritik, die man erhält, nicht dazu führt, dass man für andere denkt und man sich in seinem Leben durch Kritik einschränken lässt. Und vergessen Sie nicht: Sie sind es, der entscheidet, was Sie mit der Kritik anfangen.

Mithilfe dieser vier Schritte können Sie lernen, mit Kritik umzugehen:

1. Hören Sie sich die Kritik genau an und stellen Sie sich die Frage: Ist das wirklich eine Kritik oder scheint es nur so? Woran wird deutlich, dass es eine Kritik ist? Hat zum Beispiel jemand wörtlich gesagt: „Ich kritisiere dich, du machst das falsch"? Oder hat jemand gesagt: „Ich finde es schlecht, dass du ..."?
2. Wenn es wirklich eine Kritik ist, stimmen Sie ihr dann zu oder nicht? Stimmen Sie ihr nicht zu? Dann lassen Sie sie doch denken!

3. Wenn Sie die Kritik für berechtigt halten: Können und wollen Sie dann etwas damit anfangen? Wenn nicht, dann lassen Sie sie doch denken!
4. Wenn ja, dann ziehen Sie einen Nutzen aus der Kritik: Wie und wann werden Sie sich verbessern? Vielleicht müssen Sie das ja nicht sofort tun. Seien Sie der Person, die Sie kritisiert hat, dankbar. Sie hat Ihnen schließlich geholfen, dass Sie etwas an sich verbessern.

Elin hat eine schwierige Expositionsübung durchgeführt. Bei der Arbeit musste sie allen Mitarbeitern eine E-Mail mit Informationen über ein neues System zur Erfassung der Urlaubstage schicken. Statt die E-Mail übertrieben zu prüfen, hat sie absichtlich zwei Tippfehler eingebaut. Sie hat „Initative“ (ohne i nach dem ersten t) geschrieben und die Mail mit „hezlichen Grüßen“ beendet. Das ist ihr sehr gut gelungen und sie hat festgestellt, dass die Anspannung nach dem Versenden der Mail nachließ.
In der Pause macht ein Kollege eine Bemerkung über die Tippfehler. Elin hört ihm zu, signalisiert ihm, dass Sie seinen Standpunkt verstanden hat, reagiert aber ansonsten überhaupt nicht darauf. Sie findet, dass die Tippfehler die Qualität ihrer Nachricht nicht beeinträchtigt haben. Sie ist sogar ein bisschen froh, dass ihr Kollege diese Bemerkung gemacht hat, denn das bedeutet, dass er ihren Bericht aufmerksam gelesen hat. Außerdem konnte sie auf diese Weise üben, mit Ablehnung umzugehen.

Zusammenfassung

Sie können sich selbst darin üben, positiv zu denken. Einfach dadurch, dass Sie häufiger nach positiven Dingen suchen, sie benennen und notieren, sie fotografieren oder filmen. Führen Sie ein Weißbuch und erstellen Sie eine Liste Ihrer positiven Eigenschaften. Versuchen Sie, sich selbst nicht herabzusetzen und üben Sie, Feedback zu geben und zu erhalten.

Anmerkungen

1 Ein Großteil dieses Kapitels ist dem Buch *Negatief zelfbeed* (*Negatives Selbstbild*, ins Englische übersetzt *Build Your Confidence with CBT*) von Manja de Neef, 2010, entnommen. Mit Dank für ihre Erlaubnis.
2 Inspiriert von Kerkhof, 2007, Van der Heiden & ten Broeke, 2005, und von Barlow, Rapee & Brown, 1992.
3 Mit Anpassungen zitiert aus Koopmans, 2020.

Ein Leitfaden für die Zukunft

Anhand dieses Buches haben Sie begonnen, mit #Lsdwsw zu arbeiten. Wenn das gelungen ist, wissen Sie nun, wie Sie Ihr Denken für andere in den Griff bekommen können, und haben #Lsdwsw bereits angewendet. Wenn andere Kritik üben, können Sie damit umgehen. Ich höre fast, wie Sie nun denken: Schön und gut, jetzt kann ich es, aber was passiert in Zukunft, werde ich dann nicht wieder in mein früheres Verhalten zurückfallen? Lesen Sie dazu insbesondere dieses letzte Kapitel.

Ein persönlicher Leitfaden

Sie sind schon weit gekommen. Denken Sie mal zurück: Ging es da immer bergauf? Oder gab es auch schwere Zeiten, in denen Ihnen einfach nichts gelingen wollte und Sie in alte Muster zurückgefallen sind? Die Antwort lautet wahrscheinlich „ja". Denn an sich selbst zu arbeiten, ist immer mit Rückschlägen und Neuanfängen verbunden. Auch in der Zukunft. Deshalb möchte ich Ihnen in diesem Kapitel darlegen, wie Sie für sich selbst einen Leitfaden erstellen können.

Mit Ihrem persönlichen Leitfaden sorgen Sie dafür, dass Sie nicht wieder in dieselbe Falle tappen. Oder wenn doch, dass Sie schnell wieder herausfinden. Merken Sie, dass Sie wieder anfangen, für andere zu denken? Dann betrachten Sie das als eine schöne Gelegenheit, Ihre #Lsdwsw-Fähigkeiten wieder zu üben. Ihr Leitfaden wird Sie wieder auf Kurs bringen und Ihnen helfen, wieder den richtigen (positiven) Weg einzuschlagen, ohne für andere zu denken.

Übung 5.1 Schreiben Sie Ihre Signale und Strategien auf

Teilen Sie eine Seite in zwei Spalten auf. Legen Sie in der Tabelle Ihren Leitfaden für die Zukunft wie folgt an. Die linke Spalte trägt die Überschrift „Signale/Risikosituationen" und die rechte Spalte „Strategien/Was ich tun kann". Nun prüfen Sie: Welche ersten Signale deuten bei Ihnen darauf hin, dass Sie für andere denken? Vermeiden Sie es beispielsweise, anderen gegenüber Themen anzuschneiden, von denen Sie

nicht wissen, wie sie darüber denken? Oder danken Sie anderen in übertriebener Form, damit diese Sie nett finden? Dann schreiben Sie das in die linke Spalte. Hier können Sie auch Risikosituationen notieren. Situationen, von denen Sie wissen, dass Sie in ihnen leichter für andere denken: zum Beispiel Begegnungen mit Personen, die ein gewisses Prestige haben, die Sie attraktiv finden, oder Situationen, in denen Sie glauben, dass Sie viel zu verlieren haben.
In der rechten Spalte Ihres Leitfadens halten Sie Ihre Strategien fest: Was können Sie tun, um nicht in Ihre Falle zu tappen? Übernehmen Sie ruhig Tipps aus diesem Buch. Sie können sich aber auch selbst etwas einfallen lassen, was für Sie funktioniert, um nicht für andere zu denken. Schreiben Sie alles auf, was Ihnen hilft, nicht für andere zu denken.

Mein persönlicher Leitfaden:	
Signale / Risikosituationen	**Strategien / Was ich tun kann**

Wilma hat die folgenden Signale und Strategien aufgeschrieben:

Signale / Risikosituationen	Strategien / Was ich tun kann
- Ich verstehe etwas bei der Arbeit nicht, aber ich traue mich nicht, jemanden zu fragen. - Wenn jemand zu mir zum Essen kommt, verbringe ich Tage mit der Vorbereitung. - Ich verwende zu viel Make-up oder kaufe mir alle naselang eine andere Marke. - Ich mache mir Sorgen, dass ich entlassen werde. - Ich mache mir Sorgen darüber, dass andere mich für dumm halten könnten.	- mich mit Freunden verabreden - eine Fahrradtour machen - einmal einkaufen gehen, den Wecker stellen und innerhalb einer Stunde ein Essen für meine Gäste vorbereiten - noch einmal meine Notizen lesen - Passanten auf der Straße fragen, ob sie oder ihre Kollegen bei der Arbeit manchmal etwas nicht verstehen, und was sie davon halten - bei einem Vortrag Fragen stellen - mich absichtlich nachlässig schminken - üben, mich auf die Aufgabe zu konzentrieren - weiterhin mein Weißbuch führen

Übung 5.2 Erstellen Sie Ihren persönlichen Videoleitfaden

Nehmen Sie eine Videobotschaft auf. Darin erzählen Sie sich selbst (und denen, die es sich sonst noch anschauen möchten), was Denken für andere ist:

- Wie Denken für andere bei Ihnen ausgesehen hat: im Speziellen, von welchen Wenn-dann-Gedanken Sie vor allem überzeugt waren, und was Sie mehr oder weniger subtil vermieden haben;
- wie Sie das Denken für andere überwunden haben;
- wie Sie jetzt und in der Zukunft dafür sorgen können, dass Sie möglichst wenig für andere denken.

Geben Sie sich – als zukünftigem Betrachter Ihrer Videobotschaft – eine klare Übungsanweisung: Was genau muss der Betrachter tun, um zu üben, wie setzen Sie #Lsdwsw ein? Geben Sie auf dem Video ein Übungsbeispiel. Machen Sie zum Beispiel etwas Seltsames vor der Kamera, lassen Sie etwas fallen, lassen Sie Ihre Hände zittern oder machen Sie ein ängstliches Gesicht. Beenden Sie Ihre Videobotschaft, indem Sie Ihre positiven Eigenschaften benennen und eine schöne, positive und unterstützende Aussage machen. Wenn Sie möchten, können Sie Ihre Botschaft sogar ins Internet stellen.

Zusätzliche Tipps

In diesem Buch erhalten Sie eine Menge Tipps, mit denen Sie an Ihrem Denken für andere arbeiten können. Worauf ich noch nicht eingegangen bin, ist Ihr Lebensstil. Ein gesunder Lebensstil macht es viel einfacher, sich nicht damit herumzuschlagen, was andere von einem denken. Trinken Sie regelmäßig ein paar Gläschen Bier, um im Gespräch etwas gelöster zu wirken? Dann hören Sie damit auf. Alkohol macht Ihre Angst auf Dauer nur noch größer. Trinken Sie am besten gar keinen Alkohol oder nicht mehr als ein Glas pro Tag.[1] Das Gleiche gilt für Beruhigungsmittel und Betablocker: eine einmalige Einnahme – auf ärztliche Anweisung – kann nicht schaden, aber wenn man seine Probleme mit diesen Pillen systematisch betäubt, gerät man in einen Teufelskreis. Und das kann eine Menge Nachteile mit sich bringen.

#Lsdwsw bedeutet auch, nicht zu viel Kaffee zu trinken, keine Drogen zu nehmen, sich abwechslungsreich zu ernähren, vorzugsweise zu festen Zeiten zu Bett zu gehen und aufzustehen[2] und sich genug zu bewegen. Nichts Besonderes, denken Sie vielleicht, aber sich am Tag eine halbe Stunde Zeit für intensive Bewegung zu nehmen, trägt wirklich zu Ihrer Gesundheit bei.[3] Sport hellt Ihre Stimmung auf und lässt Sie weniger grübeln. Wenn Sie das zu den angenehmen Dingen, die Sie mit Ihren Freunden unternehmen, noch hinzufügen, dann wird sich Ihr Selbstvertrauen und Ihre Einstellung zu #Lsdwsw im besten Sinne entwickeln.

Wie steht es nun mit meinem Denken für andere?

Sie wissen besser als jeder andere, wie es mit Ihrem Denken für andere steht. Ergänzend können Sie jetzt noch einmal den Fragebogen auf Seite 133–134 ausfüllen. Vergleichen Sie Ihre Antworten von damals mit Ihren jetzigen Antworten. Gibt es noch etwas, woran Sie arbeiten möchten? Möchten Sie noch lernen, mit Ablehnung umzugehen, wenn Sie etwas Seltsames tun? Dann können Sie eine Expositionsübung zum Umgang mit der Ablehnung machen. Kann Ihr Selbstvertrauen noch einen Schub vertragen? Dann nehmen Sie Ihr Weißbuch wieder auf. Sie müssen nicht alle Übungen noch einmal machen; wählen Sie einfach aus, was sich für Sie am besten eignet. Lesen Sie noch einmal das Inhaltsverzeichnis dieses Buches durch und treffen Sie eine Auswahl.

Wenn Sie ein Coaching oder eine Therapie in Anspruch nehmen möchten

Vielen Menschen gelingt es, ihr Denken für andere in Angriff zu nehmen. Manchmal aus eigener Kraft, manchmal mit Hilfe von Verwandten und Freunden und manchmal mit einer Selbsthilfemethode. Gelingt es Ihnen dennoch nicht? Dann ist das kein Beinbruch. Sie können auch an andere Optionen denken, z. B. an ein Coaching oder eine Therapie. Manche beginnen mit einer Kombination aus Selbsthilfemethode und Therapie. Mit Ihrem Hausarzt oder einem Psychiater können Sie auch eine Medikation in Erwägung ziehen.

Denken Sie, dass das Gespräch über Ihre Probleme mit einem Therapeuten irgendetwas lösen wird? Dass Sie Ihre Vergangenheit gut aufarbeiten müssen? Nach gegenwärtigem Kenntnisstand empfiehlt es sich, Ihrer Angst mit einer der beiden folgenden Methoden (gelegentlich auch einer Kombination von beiden) Herr zu werden: mit kognitiver Verhaltenstherapie und/oder einer Medikation.[4] Das sind weit gefasste Konzepte, aber auf eine Sache möchte ich ausdrücklich hinweisen: „Gespräche" oder „Gesprächstherapie" gehören nicht zu diesen Methoden.[4]

Wenn Sie eine Sportart erlernen möchten, werden Sie diese trainieren. Wenn Sie einen Beruf oder eine Sprache erlernen möchten, oder wenn Sie ein Musikinstrument spielen lernen möchten, werden Sie regelmäßig und zielgerichtet üben müssen. Dasselbe gilt, wenn Sie das Denken für andere bändigen möchten. Das können Sie lernen, indem Sie gezielt üben, üben und nochmals üben. Über Sport, einen Beruf, eine Sprache oder Musik zu reden, bringt Sie nicht weit: Schließlich lernen Sie damit nicht, diese Fertigkeiten wirklich auszuüben. Auch damit aufzuhören, für andere zu denken, ist eine Fertigkeit, die man erlernen kann. Sie lernen wahrzunehmen, was wirklich vor sich geht, wenn Sie Angst vor Ablehnung haben.

Wenn Sie erwägen, in eine Therapie zu gehen oder einen Coach zu suchen, möchte ich Ihnen gerne Folgendes mitgeben: Bitten Sie Ihren Therapeuten oder Coach, Ihnen beim Üben zu helfen. Es wäre sehr schön, wenn er oder sie die Übungen vormacht, sie gemeinsam mit Ihnen durchführt, Sie üben lässt und Sie motiviert, alleine weiter zu üben. Ihr Therapeut oder Ihre Therapeutin kann Ihnen auch ein Feedback zu Ihren Übungsleistungen geben. Nicht anders als beim Erlernen einer Sportart, eines Berufs, einer Sprache oder eines Musikinstruments.[5,6]

Zum Schluss

Ich möchte Sie zu all den Schritten beglückwünschen, die Sie unternommen haben, um weniger für andere zu denken. Die Tatsache, dass Sie diese Zeilen jetzt lesen, ist ein Beweis für Ihre Beharrlichkeit: Chapeau! Achten Sie von Zeit zu Zeit auf Ihre Fallstricke und wiederholen Sie die Übungen, die sich für Sie am besten eignen.

Für den Augenblick möchte ich sagen: Belohnen Sie sich selbst und feiern Sie die Freiheit, all das zu tun, was Sie wollen, ohne sich durch das Denken für andere gehemmt zu fühlen. Viel Spaß und Freude dabei, und lassen Sie von sich hören.

Herzliche Grüße

Rob Faltin
rob@doe-psy.nl

Anmerkungen

1 Quelle: www.voedingscentrum.nl.
2 Wenn Sie besser schlafen möchten, können Sie eine Selbsthilfemethode in Betracht ziehen, wie sie z. B. im Buch *Slapeloosheid* von Ingrid Verbeek und Ed Klip dargestellt wird, oder das Internet-Training des NTR unter http://educatie.ntr.nl/beterslapen.
3 Quelle: Vorträge von Prof. Dr. Erik Scherder, siehe z. B. www.youtube.com/watch?v=BmlznJkvi5w.
4 Eine neue Technik innerhalb der kognitiven Verhaltenstherapie ist die Exposition in der virtuellen Realität. Dabei wird eine soziale Situation, die man fürchtet, mit einer 3-D-Brille betrachtet. Siehe Kampmann u. a., 2016.
5 Siehe Waller & Turner, 2016, für einen Überblick über den „therapist drift", das Abdriften des Therapeuten von der beabsichtigten Behandlung.
6 Vor dem Üben beginnt ein Coaching oder eine Therapie in der Regel mit einer Aufnahmephase, in der Beschwerden, Ziele und mögliche Arbeitsweisen besprochen werden. Im Falle einer Therapie wird ein Diagnose- und Behandlungsplan besprochen und vereinbart. Eine Therapie beginnt oft damit, dass geklärt wird, was Vermeidung und Exposition ist, und wie man das Denken für andere durchbrechen kann. Darüber hinaus wird in der Regel, wie in #Lsdwsw, das Einbeziehen eines Helfers empfohlen.

Fragebogen zum Denken für andere (SIAS)

Bitte geben Sie an, inwieweit die folgenden Aussagen in der vergangenen Woche auf Sie zugetroffen haben. Dazu können Sie eine Zahl einkreisen.*

	gar nicht	ein wenig	ziemlich	stark	vollkommen
1. Ich werde nervös, wenn ich mit jemandem sprechen muss, der im Rang höher steht als ich (Lehrer, Chef).	0	1	2	3	4
2. Ich finde es schwierig, andere Menschen anzusehen.	0	1	2	3	4
3. Ich werde angespannt, wenn ich über mich selbst oder meine eigenen Gefühle sprechen muss.	0	1	2	3	4
4. Ich finde es schwierig, mit Kollegen entspannt umzugehen.	0	1	2	3	4
5. Es fällt mir leicht, mich mit Menschen meines Alters anzufreunden.	4	3	2	1	0
6. Ich werde angespannt, wenn ich auf der Straße einem Bekannten begegne.	0	1	2	3	4
7. Wenn ich mich unter andere Menschen begebe, fühle ich mich unbehaglich.	0	1	2	3	4
8. Ich fühle mich angespannt, wenn ich mit einer anderen Person allein bin.	0	1	2	3	4
9. Ich fühle mich wohl, wenn ich Leute treffe, zum Beispiel auf Partys.	4	3	2	1	0
10. Ich finde es schwierig, mit anderen Menschen zu sprechen.	0	1	2	3	4
11. Es fällt mir leicht, Gesprächsthemen zu finden.	4	3	2	1	0
12. Ich zögere, etwas zu sagen, weil ich Angst habe, einen linkischen Eindruck zu machen.	0	1	2	3	4
13. Ich finde es schwierig, mit jemandem nicht einer Meinung zu sein.	0	1	2	3	4

	gar nicht	ein wenig	ziemlich	stark	vollkommen
14. Ich finde es schwierig, mit jemandem zu reden, den ich attraktiv finde.	0	1	2	3	4
15. Ich mache mir Sorgen, dass ich nicht weiß, was ich in sozialen Situationen sagen soll.	0	1	2	3	4
16. Ich bin angespannt, wenn ich mit Leuten zu tun habe, die ich nicht gut kenne.	0	1	2	3	4
17. Ich glaube, dass ich etwas Dummes sagen werde, wenn ich rede.	0	1	2	3	4
18. Wenn ich mich unter eine Gruppe mische, mache ich mir Sorgen, dass mich niemand bemerkt.	0	1	2	3	4
19. Ich bin angespannt, wenn ich mich unter eine Gruppe mischen soll.	0	1	2	3	4
20. Ich bin nicht sicher, ob ich jemanden grüßen soll, den ich nur oberflächlich kenne.	0	1	2	3	4

**Social Interaction Anxiety Scale* (SIAS), De Beurs, Wollmann & Tielen (2014).

Bitte beachten Sie: Die Fragen 5, 9 und 11 werden umgekehrt bewertet!

Zählen Sie dann die entsprechenden Bewertungspunkte der Antworten zusammen. Das ist Ihr Ergebnis. Je höher Ihre Punktzahl, desto mehr behindert Sie in sozialen Situationen die Neigung, für andere zu denken. Sie können die folgenden Tabellen verwenden, um Ihr Ergebnis mit den Ergebnissen zu vergleichen, die man bei einer Studie mit einer großen Gruppe von Personen erhalten hat.

Bei Männern	
Sehr hoch	28–80
Hoch	18–27
Überdurchschnittlich	13–17
Durchschnittlich	10–12
Unterdurchschnittlich	6–9
Niedrig	2–5
Sehr niedrig	0–1

Bei Frauen	
Sehr hoch	30–80
Hoch	19–29
Überdurchschnittlich	15–18
Durchschnittlich	11–144
Unterdurchschnittlich	8–10
Niedrig	3–7
Sehr niedrig	0–2

Danksagung

Zuallererst möchte ich mich bei meinen Klienten, meinen Kollegen der Poliklinik Amsterdam – der *academische zorglijn angst en dwang* des GGZ inGeest – und bei den Intervisionskollegen meiner eigenen Praxis *Doe-Psy* für die angenehme und lehrreiche Zusammenarbeit bedanken.

Für dieses Buch schulde ich auch all den Wissenschaftlern Dank, von denen ich lernen durfte, wie man das Beste aus der Exposition herausholt. Ich möchte einige von ihnen herausheben: David Clark, Michelle Craske, Stefan Hofmann, Jürgen Margraf, Marleen Rijkeboer. Des Weiteren möchte ich auch den Mitarbeitern der Gesellschaft für Verhaltens- und Kognitionstherapie danken, die Vortragsveranstaltungen und Workshops organisiert haben, sowie Jopie van der Spek und Caroline Planting, den Bibliothekarinnen der GGZ inGeest, die mir die Literatur zur Verfügung gestellt haben.

Bedanken möchte ich mich bei meiner Kollegin Patricia van Oppen für ihr Vorwort und ihre wertvollen Ergänzungen zu einer früheren Version von *Lass sie denken, was sie wollen*. Auch Manja de Neef und Anne Vollaard danke ich für ihr wertvolles Feedback und besonders Manja für all ihre Kenntnisse über das Selbstvertrauen, die ich in dem Buch zitieren durfte.

Dank schulde ich den Mitarbeitern des Verlags Boom Publishers Amsterdam, unter ihnen Suzanne Batelaan, Barbara Kuiper, Roos Haasnoot, Lisanne Roorda und Regine Janssen. Sie haben *Lass sie denken, was sie wollen* zu einem schönen und handhabbaren Buch gemacht. Das Tüpfelchen auf dem i lieferten Bart van den Tooren mit dem Umschlag und Frank Landsbergen mit seiner treffenden Illustration. Ich möchte auch Ester Bouwsma für ihr schönes Foto auf der Rückseite und Nico Buitendijk für die sorgfältige Gestaltung der Buchseiten danken. Frau Bärbel Jänicke danke ich für die sorgfältige deutsche Übersetzung.

Meine Freundin Truus de Vries möchte ich gesondert erwähnen. Sie ist von der ersten Stunde an diesem Buch beteiligt gewesen. Als Kommunikationsexperte kann ich sowohl beruflich als auch persönlich immer auf sie zurückgreifen. Sie hat mir über alle Widrigkeiten hinweggeholfen. Truus, auf Friesisch gesagt: Tige tank!

Last but not least möchte ich mich bei allen anonymen Passanten, Übungszuschauern und anderen Befragten bedanken, die oft urplötzlich in nicht selten peinliche Expositionsübungen verwickelt wurden. Durch sie haben meine Klienten und ich viel gelernt.

Rob Faltin

Über den Autor

© Ester Bouwsma

Rob Faltin ist Psychologe, Psychotherapeut, Therapeut für kognitive Verhaltenstherapie und Journalist. Er befasst sich seit vielen Jahren mit Menschen, die unter Angststörungen leiden. Bis 2019 arbeitete er bei GGZ inGeest (https://www.ggzingeest.nl) und führt seit 2012 eine eigene Praxis, Doe-Psy (https://www.doe-psy.nl). Er ist Supervisor der Vereinigung für Verhaltens- und Kognitive Therapie (VGCt), EMDR Europe practitioner und gibt Seminare zum Thema Angststörungen und Supervision für Therapeuten für kognitive Verhaltenstherapie, Gesundheitspsychologen und Psychiater.

Aufgewachsen in der Schweiz, studierte er an der Universität Amsterdam, Nyenrode und am Zentrum für Kommunikation & Journalismus der Fachhochschule Utrecht. Faltins Spezialität ist es, Menschen dazu zu motivieren, genau das Gegenteil von dem zu tun, was ihnen ihre Angst eingibt. Im Jahr 2011 erschien sein Buch *Plankenkoorts*, ein Selbsthilfebuch zum Bezwingen von Lampenfieber. Dieses Buch hat er auch aufgrund seiner Erfahrungen als Bratschist im Königlichen Concertgebouw Orchester geschrieben. Er betätigt sich zuweilen als Experte für bestimmte Themen in diversen Zeitschriften und im Fernsehen, u. a. im *Psychologie Magazine* und der *De Psycho Show*.

Die Übungen, die Rob Faltin mit seinen Klienten macht, nutzt er auch selbst regelmäßig. So tritt er zum Beispiel bei Veranstaltungen mit einer Trompete auf und sorgt damit für eine fröhliche Note. 2009 nahm er mit seinem französischen Akzent und seiner ungeschulten Stimme am friesischen Gesangsfestival „Liet" teil, bei dem er den Publikumspreis gewann.

Literatur

Antony, M.M. & Swinson, R.P. (2008). *The Shyness & Social Anxiety Workbook*. Oakland, CA: New Harbinger.

Appelo, M. (2013). *Een spiegel voor narcisten*. Amsterdam: Boom.

Appelo, M. (2014). *Waarom veranderen (meestal) mislukt*. Amsterdam: Boom.

Bandarian Balooch, S. & Neumann, D.L. (2012). Effects of multiple contexts and context similarity on the renewal of extinguished conditioned behaviour in an ABA design with humans. *Learning and Motivation, 42* (1), 53–63.

Barlow, D.H., Rapee, R.M. & Brown, T.A. (1992). Behavioral treatment of generalized anxiety disorder. *Behavior Therapy, 23*, 551–570. https://doi.org/10.1016/S0005-7894(05)80221-7

Beard, C., Weisberg, R.B. & Amir, N. (2011). Combined cognitive bias modification treatment for social anxiety disorder: a pilot trial. *Depression and Anxiety, 28* (11), 981–988. https://doi.org/10.1002/da.20873

Beck, A.T., Freeman, A. & Associates (Hrsg.). (2004). *Cognitive therapy of personality disorders*. New York: The Guilford Press.

Bennett-Levy, J., Butler, G., Fennell, M., Hackmann, A., Mueller, M. & Westbrook, D. (Hrsg.). (2010). *Gedragsexperimenten in cognitieve therapie*. Amsterdam: Pearson. [Übersetzung von: Oxford Guide to Behavioural Experiments in Cognitive Therapy.] Oxford: Oxford University Press.

Beurs, E. de, Wollmann, L. & Tielen, D. (2014). The Dutch Social Interaction Anxiety Scale and the Social Phobia Scale: Reliability, validity, and clinical utility. *Psychiatry Research*, 8. Verfügbar unter: http://www.hindawi.com/journals/psychiatry/aip/360193

Bögels, S.M. (2006). Task concentration training versus applied relaxation in combination with cognitive therapy for social phobia patients with fear of blushing, trembling, and sweating. *Behaviour Research & Therapy, 44*, 1119–1210. https://doi.org/10.1016/j.brat.2005.08.010

Bögels, S.M. & Oppen, P. van (Hrsg.). (2011). *Cognitieve therapie: theorie en praktijk*. Houten: Bohn Stafleu van Loghum.

Clark, D.A. & Beck, A.T. (2010) *Cognitive therapy of anxiety disorders: Science and practice*. New York: Guilford Press.

Clark, D.M. (2001). A cognitive perspective on social phobia. In W.R. Crozier & L.E. Alden (Hrsg.), *International handbook of social anxiety: Concepts, research and interventions relating to the self and shyness* (S. 405–430). New York, NY: John Wiley & Sons Ltd.

Craske, M.G., Treanor, M., Conway, C.C., Zbozinek, T. & Vervliet, B. (2014). Maximizing exposure therapy: An inhibitory learning approach. *Behaviour Research and Therapy, 58*, 10–23. https://doi.org/10.1016/j.brat.2014.04.006

Ellis, A. (1998). *How to control your anxiety before it controls you*. New York: Citadel Press.

Faltin, R. (2011). *Plankenkoorts*. Amsterdam: Hogrefe.

Fang, A., Sawyer, A.T., Asnaani, A. & Hofmann, S. (2013). Social Mishap Exposures for Social Anxiety Disorder: An Important Treatment Ingredient. *Cognitive and behavioral practice, 20* (2), 213–220. https://doi.org/10.1016/j.cbpra.2012.05.003

Feske, U. & Chambless, D.L. (1995). Cognitive-behavioral versus exposure only treatment for social phobia: a meta-analysis. *Behavior Therapy, 26*, 695–720. https://doi.org/10.1016/S0005-7894(05)80040-1

Gould, R.A., Buckminster, S., Pollack, M.H., Otto, M.W. & Yap, L. (1997). Cognitive-behavioral and pharmacological treatment for social phobia: a meta-analysis. *Clinical Psychology: Science and practice, 4*, 291–306.

Grant Halvorson, H. (2011). *Nine Things Successful People Do Differently*. Cambridge, MA: Harvard Business Press Books.

Hahn, A., Stein, P., Windischberger, C., Weissenbacher, A., Spindelegger, C., Moser, E., Kasper, S. & Lanzenberger, R. (2011). Reduced resting-state functional connectivity between amygdala and orbitofrontal cortex in social anxiety disorder. *Neuroimage, 56*, 881–889. https://doi.org/10.1016/j.neuroimage.2011.02.064

Heiden, C. van der & Broeke, E. ten (2005). Pieker-exposure: wat is het en hoe pas je het toe? *Gedragstherapie, 38*, 193–205.

Hofmann, S.G., Newman, M.G., Ehlers, A. & Roth, W.T. (1995). Psychophysiological differences between subgroups of social phobia. *Journal of Abnormal Psychology, 104*, 224–231. https://doi.org/10.1037/0021-843X.104.1.224

Hofmann, S.G. (2004). Cognitive mediation of treatment change in social phobia. *Journal of Consulting & Clinical Psychology, 72*, 393–399. https://doi.org/10.1037/0022-006X.72.3.392

Hofmann, S.G., Moscovitch, D.A., Kim, H.-J. & Taylor, A.N. (2004). Changes in self-perception during treatment of social phobia. *Journal of Consulting and Clinical Psychology, 72*, 588–596. https://doi.org/10.1037/0022-006X.72.4.588

Hofmann, S.G. (2007). Cognitive factors that maintain social anxiety disorder: A comprehensive model and its treatment implications. *Cognitive Behavior Therapy, 36*, 195–209. https://doi.org/10.1080/16506070701421313

Hofmann, S.G. & Otto, M.W. (2008). *Cognitive behavioral therapy for social anxiety disorder: Evidence-based and disorder specific treatment techniques*. New York, NY: Routledge. https://doi.org/10.4324/9780203927526

Jong, P. de & Berg, I.K. (2015). *De kracht van oplossingen*. Amsterdam: Pearson.

Kampmann, I.L., Emmelkamp, P.M.G. & Morina, N. (2016). Meta-analysis of technology-assisted interventions for social anxiety. *Journal of Anxiety Disorders, 42*, 71–84. https://doi.org/10.1016/j.janxdis.2016.06.007

Kerkhof, A.J.F.M. (2007). *Piekeren*. Amsterdam: Boom.

Koopmans, M. (2020). *Kritik äußern – Kritik annehmen*. Göttingen: Hogrefe.

Malkin, C. (2015). *Rethinking narcissism: The bad – and surprisingly good – about feeling special*. New York, NY: Harper Wave.

Mattick, R.P. & Peters, L. (1988). Treatment of severe social phobia: effects of guided exposure with and without cognitive restructuring. *Journal of Consulting and Clinical Psychology, 56*, 251–260. https://doi.org/10.1037/0022-006X.56.2.251

Mersch, P.P., Emmelkamp, P.M. & Lips, C. (1991). Social phobia: individual response patterns and the long-term effects of behavioral and cognitive interventions. A follow-up study. *Behaviour Research & Therapy, 29*, 357–62. https://doi.org/10.1016/0005-7967(91)90072-B

Mersch, P.P. (1995). The treatment of social phobia: The differential effectiveness of exposure in vivo and an integration of exposure in vivo, rational emotive therapy and social skills training. *Behaviour Research & Therapy, 33*, 259–69. https://doi.org/10.1016/0005-7967(94)00038-L

Milad, M.R., Wright, C.I., Orr, S.P., Pitman, R.K., Quirk, G.J. & Rauch, S.L. (2007). Recall of fear extinction in humans activates the ventromedial prefrontal cortex and hippocampus in concert. *Biological Psychiatry, 62*, 446–454. https://doi.org/10.1016/j.biopsych.2006.10.011

Moreno, P.J., Carrillo, F.X.M. & Meca, J.S. (2001). Effectiveness of cognitive behavioural treatment in social phobia: A meta-analytic review. *Psychology in Spain, 5* (1), 17–25.

Mulkens, S., Bögels, S.M., Jong, P.J. de & Louwers, J. (2001). Fear of blushing: Effects of task concentration training versus exposure in vivo on fear and physiology. *Journal of Anxiety Disorders, 15*, 413–432. https://doi.org/10.1016/S0887-6185(01)00073-1

Mulkens, S. & Bögels, S. (2011). Protocollaire behandeling van patiënten met een sociale angststoornis. In G. Keijsers, A. van Minnen & K. Hoogduin (Hrsg.), *Protocollaire behandelingen voor volwassenen met psychische klachten* (S. 145–179). Amsterdam: Boom.

Neef, M. de (2010). *Negatief zelfbeeld*. Amsterdam: Boom.

Neef, M. de (2013). *Ik? Ik stel niks voor*. Amsterdam: Boom.

Neudeck, P. & Wittchen, H. (2012). *Exposure Therapy: Rethinking the Model, Refining the Method*. Springer Press. https://doi.org/10.1007/978-1-4614-3342-2

Niles, A.N., Craske, M.G., Lieberman, M.D. & Hur, C. (2015). Affect labeling enhances exposure effectiveness for public speaking anxiety. *Behaviour research & therapy, 68*, 27–36. https://doi.org/10.1016/j.brat.2015.03.004

Öst, L.G. (1989). A maintenance program for behavioral treatment of anxiety disorders. *Behaviour Research & Therapy, 27* (2), 123–130. https://doi.org/10.1016/0005-7967(89)90070-3

Powers, M.B., Sigmarsson, S.R. & Emmelkamp, P.M.G. (2008). A metaanalytic review of psychological treatments for social anxiety disorder. *International Journal of Cognitive Therapy, 12*, 94–113. https://doi.org/10.1521/ijct.2008.1.2.94

Powers, M.B., Smitr, J.A.J., Leyro, T.M. & Otto, M. (2006). Translational research perspectives on maximizing the effectiveness of exposure therapy. In D.C.S. Richard & D.L. Lauterbach (Eds.), *Comprehensive handbook of exposure therapies* (S. 109–126). Boston: Academic Press.

Ribordy, S.C., Tracy, R.J. & Bernotas, T.D. (1981). The effects of an attentional training procedure on the performance of high and low testanxious children. *Cognitive therapy and Research, 5*, 19–28. https://doi.org/10.1007/BF01172323

Rijkeboer, M. & Hout, M. van den (2014). Nieuwe inzichten over exposure. *Gedragstherapie, 47* (1), 2–19.

Salaberria, K. & Echeburua, E. (1998). Long-term outcome of cognitive therapy's contribution to self-exposure in vivo to the treatment of generalized social phobia. *Behavior Modification, 22*, 262–284. https://doi.org/10.1177/01454455980223003

Scholing, A. & Emmelkamp, P.M. (1993). Cognitive and behavioural treatments of fear of blushing, sweating or trembling. *Behaviour Research & Therapy, 31*, 155–70. https://doi.org/10.1016/0005-7967(93)90067-5

Scholing, A. & Emmelkamp, P.M. (1993). Exposure with and without cognitive therapy for generalized social phobia: effects of individual and group treatment. *Behaviour Research & Therapy, 31*, 667–81. https://doi.org/10.1016/0005-7967(93)90120-J

Scholing, A. & Emmelkamp, P.M. (1996). Treatment of generalized social phobia: results at long-term follow-up. *Behaviour Research & Therapy, 34*, 447–52. https://doi.org/10.1016/0005-7967(96)00010-1

Stopa, L. & Clark, D.M. (1993). Cognitive processes in social phobia. *Behaviour Research & Therapy, 31*, 255–267. https://doi.org/10.1016/0005-7967(93)90024-O

Taylor, S. (1996). Meta-analysis of cognitive-behavioral treatments for social phobia. *Journal of Behavior Therapy and Experimental Psychiatry, 27*, 1–9. https://doi.org/10.1016/0005-7916(95)00058-5

Voncken, M. & Bögels, S. (2010). *Cognitieve therapie bij sociale angst*. Houten: Bohn Stafleu van Loghum. https://doi.org/10.1007/978-90-313-8591-1

Voncken, M.J. & Bögels, S.M. (2011). Cognitieve therapie bij sociale angststoornis. In S.M. Bögels & P. van Oppen (Hrsg.), *Cognitieve therapie: Theorie en praktijk* (zweite, völlig überarbeitete Auflage, S. 197–230). Houten: Bohn Stafleu van Loghum. https://doi.org/10.1007/978-90-313-8310-8_8

Waller, G. & Turner, H. (2016). Therapist drift redux: Why well-meaning clinicians fail to deliver evidence-based therapy, and how to get back on track. *Behaviour Research & Therapy, 77*, 129–137. https://doi.org/10.1016/j.brat.2015.12.005

Wood Brooks, A. (2004). Get excited: Reappraising pre-performance anxiety as excitement. *Journal of Experimental Psychology, 143* (3), 1144–1158.

Links*

Niederlande

Angst Dwang en Fobie stichting (ADF-Stiftung)
Nationale Familienorganisation von und für Menschen mit Angst- und/ oder Zwangsstörungen
www.adfstichting.nl

Crazy 88
Sich einen Tag aus der Komfortzone herausbegeben und urkomische Dinge erleben, die auf Fotos und in Filmen festgehalten werden.
www.crazy88-events.nl

Expositionsstrategien – State of the Art
Videoaufnahme eines Vortrags (auf Englisch) von Michelle Craske im Karolinska Institutet. https://youtu.be/pKPgFVKVFLA

Fonds Psychische Gezondheid (Stiftung für psychische Gesundheit)
www.psychischegezondheid.nl

Kwaliteitsstandaarden voor de gesstelijke gezondheitszorg (Qualitätsstandards für die psychische Gesundheitsfürsorge)
www.ggzstandaarden.nl

Multidisciplinaire Richtlijn Angststoornissen (Multidisziplinäre Leitlinie für Angststörungen) www.ggzrichtlijnen.nl

Nederlands Kenniscentrum Angst en Depressie (NedKAD; Niederländisches Wissenszentrum für Angst und Depression)
www.nedkad.nl

---

* In diesem Anhang sind einige Anlaufstellen zusammengefasst, bei denen Sie Informationen und Beratung rund um das Thema „Soziale Ängste“ finden. Es besteht kein Anspruch auf Vollständigkeit.

Toastmasters
Unterstützung bei der Verbesserung von Rede und Führungsfähigkeiten.
www.toastmasters.org

VGCt
Vereniging voor Gedragstherapie en Cognitieve therapieën (Verein für Verhaltens- und Kognitionstherapien)
www.vgct.nl

VVM
Vereniging van Verlegen Mensen (Verein für schüchterne Menschen)
www.verlegenmensen.nl

Deutschland
Deutscher Fachverband für Verhaltenstherapie
https://www.verhaltenstherapie.de/home

Norddeutscher Verband der Selbsthilfe bei sozialen Ängsten e.V. (Selbsthilfe bei Schüchternheit und sozialer Phobie)
http://schuechterne.org/intakt.htm

VSSP – Verband Selbsthilfe Soziale Phobie
http://www.vssp.de/

Österreich
Österreichische Gesellschaft für Verhaltenstherapie
https://www.oegvt.at

Schweiz
SGVT – Schweizerische Gesellschaft für kognitive Verhaltenstherapie
https://www.sgvt-sstcc.ch

Gesundheitsförderung Schweiz
https://gesundheitsfoerderung.ch/grundlagen/publikationen/psychische-gesundheit.html

Selbsthilfe Schweiz
https://www.selbsthilfeschweiz.ch/shch/de/selbsthilfe-gesucht/themenliste.thema.24255407-24de-4561-9301-87cf58ee5d80.html

Sachwortverzeichnis